버찌
책방은
다
 계획이
  있지

버찌 책방은 다 계획이 있지

책과 사람을 엮는!
다정한!
책방의 기록

조예은 지음

초록비책공방

무한한 사랑을 가르쳐 주신 외할머니와

성실함을 몸소 보여주신 엄마에게

문장 수집한 날: 추천사   book

이 책을 새야 하는 이유는 3가지가 있다. 첫번째는 이 책은 너무 재미있다 (재미있는건 어른들에게 먼) 두번째 이 책은 버찌대표가 2년 넘게 365일 꾸간동안 정성을 들여쓴글이다. 세번째 버찌대표가 잠도못자며 쓴 글이다. 그러니 꼭 재밌 사주세요!

AM 1:30

부리부리
탁탁탁!
꼬아 집중중잉재
드렁피움
me

우리 엄마

READ YOUR LIFE, WRITE YOUR HEART ♡

프롤로그
'사랑'만이 작은 책방의 계획이었음을

2019년 봄, 주택가 골목에 있는 상가주택 1층에 10평짜리 공간을 계약했다. 7월과 8월 인테리어를 거쳐 9월 3일에 시즌 1 버찌책방을 열었다. 시작 6개월 만에 코로나 팬데믹을 맞닥뜨렸고, 책방은 코로나의 시작과 끝을 여과 없이 통과했다. 가게 안에서만 책을 팔아서는 유지하기 어렵겠다는 생각에 뒤늦게 운전면허를 따서 경차 한 대를 장만했다. 트렁크 책장을 만들어 책이 필요한 곳이라면 어디든 다니며 책을 팔았다.

우여곡절 끝에 2023년 책방지기 가족이 지은 별빛집 1층에서 두 번째 버찌책방을 시작했다. 대전 도심에서 벗어나 지하철 종점 근처, 계룡산 줄기 끝자락에 있는 이 책방을 나는 '우산봉 아래 숨은 작은 책방'이라고 부른다. 지나가다 가볍게 들릴 수 있는 위치는 절대 아니다. 그만큼 찾는 사람들의 관심과 수고가 있어야 유지할 수 있다. 그 애씀에 책방지기도 즐겁게 머물다 갈 수 있는 방법을 늘 고민해 왔다. 이 책에는 그 고민에서 출발한 여러 시도와 과정이 담겨 있다.

버찌책방은 가족 구성원이 함께 꾸려가는 작은 공간이다. 책방지기 '버찌' 곁에는 나보다 책에 더 진심인 배우자 책방지기 '돌고래', 어린이 서가를 수시로 점검하며 카운터에서 계산을 즐기는 '꼬마 책방지기 태양' 군, 반려동물을 환대하는 책방으로 만들어 준 '강아지 책방지기 별이'가 있다. 그리고 두 번째 버찌책방 오픈 전날인 2023년 4월 4일, 태양 군이 품은 알에서 태어나 별빛집의 시간과 함께 살아온 소중한 암탉 '아리'도 있다(비 온 다음 날에는 지렁이 사냥하러 산책하는 아리를 만날 수 있다).

버찌책방에서의 시간은 그저 '삶'을 지탱하기 위한 걸음걸음이 만든 여정이었다. 나 자신과 잘 지내고 싶어서, 마음이 아파서 한동안 치료를 받아야 했던 배우자 곁을 지키기 위해, 부모의 힘듦을 바라보며 자라는 어린 자녀의 무사 성장을 위해 책을 붙들었다. 책방 안과 밖에서 매일 겪은 일은 경중과 상관없이 놀라운 온도와 밀도를 품고 있었고, 마음에 크고 작은 파문을 일으켰다. 마음을 일렁이게 했던 경험이 휘발될까 싶어 인스타그램, 지역 신문사 칼럼, 독립 출판 등 그날 나에게 주어진 조건 안에서 다양한 방식으로 글을 남겼다. 나에게 기록은 영혼의 호흡법이기도 했다. 읽고 쓰는 시간은 기도하는 시간이었다. 기억하기 위해 적어 내려간 기록을 갈무리해서 되돌아보니 책과 사람이 남긴 기억은 영혼에 깊은 '결'을 새겨놓았다. 한 권의 책으로 엮은 책방의 시간은 저절로 쌓여간 것도 아니고 결코 혼자 쌓은 것도 아니었다.

종이책은 땀으로 탄생한다. 쓰면서, 엮으면서, 생김새를 만들면서, 인쇄하면서, 옮기면서, 소개하면서, 팔면서 나는 땀 그리고 서점에 걸음 하는 사람의 땀, 읽는 사람의 땀. 어떻게 보면 책의 역사는 책의 미래를 희망하는 이들의 땀방울이 모인 서사가 아닐까 싶다.

또 책에는 얼굴이 있다. 한 권의 책이 독자의 손에 가닿기까지 애쓰는 수많은 얼굴. 보이지 않는 얼굴을 하나하나 가늠해 그려보며 책을 천천히 깊게 소개하고 싶다. 그 얼굴에 흐르는 땀의 온도를 알고 싶다. 땀방울이 하는 이야기를 모아서 전하고 싶다. 책의 세계에서 읽는 사람, 쓰는 사람, 만드는 사람들이 내는 귀중한 땀의 의미를 나누고 싶다. 출판과 서점업의 생태는 이 과정을 향한 관심에서 그 윤곽을 드러내는 게 아닐까? 종이책과의 마찰, 쓰는 마음과 읽는 마음의 마찰, 마찰에서 발생하는 온기, 이것이 내가 책을 이해하는 방식이다.

책방을 하나의 '브랜드'라고 생각하고 여기까지 왔다. 빨간 버찌책방 로고 스탬프를 찍은 종이책과 함께 자연스럽게 떠올릴 수 있는 것을 제안해왔다. 온라인 영상물이 진짜 경험을 감쪽같이 대체하는 세상에서 책과 사람 사이 인간다운 경험은 우리로 하여금 종이책을 손에 꼭 쥐게 한다. '함께 읽고 더불어 살아가는 공간'이라는 콘셉트와 슬로건 'read your life'은 책과 사람을 잇고, 그 연결 고리를 꾸준히 돌보기를 잊지 않으려는 방향타였다. 끊임없이 변화하되 한결같은 마음은 유지하기, 그것만이 책방지기의 변함없는 계획이었다. 버찌책방에서 책은 판매 수단일 뿐, 우리는 생의 온기가 깃든 경험을 판다.

이렇게 말하고 나니 책방지기의 경험이 '계획적'으로 들릴 수 있겠지만 사실 치밀한 계획 따윈 없었다. 단지 책에 집중하고 책에 대한 경험으로 깊게 나아가고자 했을 뿐이다. 이 책은 '책을 이만큼 팔았어'의 결과라기보다 '책을 함께 나누었어'라는 과정에 가까운 이야기다.

손님들이 우산봉 아래 숨은 작은 책방을 찾아오는 마음은 다름 아닌 '사랑'의 방식 중 하나였다. 콧잔등에 땀방울 송송 맺힌 채로 가게로 들어오면서 안부를 묻는 마음, 작은 책방에서 고른 책으로 각자의 자리에서 더 빛나고 편해지길 바라는 마음. 책을 통해 서로의 안부를 묻고, 안녕을 바라는 그런 '읽는 사이'라서 가능하다.

책방지기는 공간을 통해 사랑을 터득해 가는 중이다. 앞으로도 온기를 뿜어내는 과정을 읽고 싶다. 책방을 통해 만난 책과 사람들이 내게 가르쳐 준 진실이자 믿음이다.

차례

프롤로그 '사랑'만이 작은 책방의 계획이었음을 · *8*

1부. 살기 위해 책방 합니다

전세 보증금을 빼서 책방을 열었습니다 · *16*

딩동! 고마운 택배가 배송되었습니다 · *23*

살갗에 새기는 다짐 · *28*

책을 담은 집짓기 · *33*

버찌책방의 첫 번째 매듭 · *40*

책을 팔 수 있다면 어디로든 달릴레이 · *45*

공사 현장으로 출근합니다 · *52*

2부. 별빛집에 살아요

씨앗 심는 날에 문 열었어요 · *78*

꼬마 책방지기는 언제 와요? · *83*

보들레르를 프랑스어로 읽는다면 · *89*

별빛집에 사는 강아지 책방지기 별이 · *94*

오늘은 돌고래 책방지기가 지킵니다 · *100*

나를 돌보는 행간과 여백 · *105*

시, 좋아하세요? · *111*

3부. 버찌만의 책방 운영 노하우

버찌의 첫 번째 추천 도서 · 118

무료하다 싶으면 책갈피를 만들어 · 124

브랜딩으로 책방 거듭나기 · 129

책 한 잔 커피 한 권 · 139

버찌책방 출판사가 첫 책을 냈습니다 · 146

북토크 맛집이 되는 비결 · 154

굿즈 좀 만들어 팝니다 · 161

새 책 말고 헌책 주세요 · 167

4부. 책만 파냐고 물으신다면

책방 안 작은 갤러리 · 174

문장 수집의 일상생활 · 180

마을과 어린이를 잇는 다정한 '고리' · 185

우리는 함께 읽을 때마다 투명해진다 · 192

학교로 찾아가는 책방 · 196

새벽에 오실래요 · 206

작은 책방의 첫 북페어 · 211

5부. 종이책 인류애

진메마을에 사는 섬진강 시인 · 220
그 책을 다 읽었다는 착각 · 226
함께 울어주는 사람들 · 233
웰컴 투 그림책 월드 · 239
크리스마스 선물 · 245
해마다 피어나는 개업 선물 · 251
책방지기의 틈새 독서 · 256

1부

살기 위해 책방 합니다

전세 보증금을 빼서
책방을 열었습니다

"월세 비싸지 않아요? 돈은 벌어요?"

책방에서 가장 많이 받는 질문이다.

"여기서 판매하는 책을 보니 궁금해졌어요. 뭐 하셨던 분이세요?"

그다음으로 많이 받는 질문이다.

"어떻게 책방을 차리게 되셨어요?"

다행이다. 책방의 이야기를 궁금해서. 길게 설명하기보다 지역 도서관 월간지에 소개된 기사를 슬며시 내민다. 카운터 앞에서 한 쪽짜리 책방 소개 글을 유심히 읽는 손님의 표정을 바라본다.

"아, 잘 읽었습니다. 공간 열어주셔서 감사해요."

공간 이야기를 알게 된 손님의 눈빛이 전보다 힘이 있다. 말투와 표정이 조금씩 변하는 걸 느낀다. 공기 중에 떠다니는 보이지 않던 요소들이 피부에 와닿아 책을 파는 상점 그 이상도 이하도 아니었던 공간이 하나의 작은 세계로 변모하기 시작했을 것이다. 통과해 온 시간을 고작 한 페이지에 축약한 글이 충분하지 않다는 생각을 자주 하곤 했다. 제한된 분량의 백지 안에 다 담을 수 없던, 매일 일어났던 책방 이야기를 가장 많이 받는 두 질문에 대한 대답으로 시작해 볼까 한다.

나에게 서점은 언제나 '셀프 고민 상담소'였다. 먹고 사는 문제와 인간답게 사는 문제를 동시에 고민하는 장소였다. 일과 놀이의 아이디어를 찾을 수 있는 영감의 원천이기도 했다. 서점에서 찾은 하루키의 소설을 읽고 교토 여행을 계획했고, 빌 브라이슨의 여행 에세이를 읽고 글을 쓰고 싶어서 무턱대고 키보드를 두드렸다.

증권회사에 다니던 시절에는 좋아하는 책으로 꽉 채운 북카페를 운영하고 싶다는 상상을 자주 하곤 했다. 갑갑할 때면 30층 빌딩에서 뛰쳐나와 서점으로 향했다. 바로 맞은편 건물 지하 교보문고는 전혀 다른 세계였다. 매일 오전 9시부터 3시까지 주식 시장의 속도대로 따라가는 밥벌이의 현실이 비현실적으로 느껴질 만큼.

차분하고 따뜻한 음악, 잊거나 잃어버리고 살았던 욕망을 불러일으키는 문장들, 커피 향과 읽는 사람들이 만드는 안온한 분위기 속에서 방황을 즐겼다. 책을 담은 공간에서 삶의 불확실성이 주는 불안감을 달랬다.

막연한 상상이긴 했어도 서점이라는 공간에 대한 꿈을 꽤 오랫동안 품어왔으니 결국 열었을 것이다. 문제는 그 '때'를 언제 만나느냐, 용기를 내고 실행에 옮기느냐일 텐데 책을 좋아하는 남자 친구(지금의 남편)를 만나 그 꿈은 예상보다 앞당겨졌다. 기회인지 위기인지 알 수 없는 상황 속에.

아이를 낳고 우리 가정의 분위기는 롤러코스터를 타듯 수시로 변했다. 아이가 돌이 지났을 무렵부터 온순한 남편이 달라지기 시작했다. 물불 가리지 않고 일단 화부터 내거나, 입을 꾹 다물거나, 방 안에 틀어박혀 소통하기를 거부하는 일이 많아졌다. 지나치게 화를 내는 상황이 자주 생기면서 이대로 안 되겠다는 생각이 들었다. 그의 손을 잡고 난생처음 정신건강의학과라는 곳을 갔다.

'중증 불안 장애', '우울증', '충동 조절 장애'라는 진단을 받고 어안이 벙벙한 채 병원을 나왔다. 배고팠지만 북적대는 음식점에 들어가고 싶지 않았다. 우리는 한적한 하천 변에 주차를 해놓고 포장 주문한 햄버거를 말없이 먹었다. 한 입, 두 입, 세 입째 꾸역꾸역 먹고 있을 때 운전석에 앉아 있던 남편이 갑자기 울음을 터뜨렸다. 할머니가 돌아가셨을 때 울던 아빠를 본 뒤로 남자의 울음을 처음으로 마주했다. 그의 웅크린 어깨에 손을 댔고 울음이 그치길 기다렸다. 등이 따뜻했다. 그동안 불안한 마음을 숨기고 착한 아들, 착실한 사회인으로 살아가느라 얼마나 고달팠을까. 내 곁에서 배우자의 온기가 유지되길 바랐다. 《몸의 증언》을 쓴 아서 프랭크의 말처럼 남편의 정신건강의학과 진단 이후로 우리 가정은 삶의 '예측 가능성을 상실'했다.

'남편'이 그리웠고 아이에게는 '아빠'가 필요했다. 아이를 안고 접이식 유모차를 든 채 놀이치료실을 다니기 시작했다. 상담 선생님은 무엇보다 엄마의 건강을 걱정하셨다. 가정에서 보이지 않게 흐르는 '불안'의 정서에 엄마가 함몰되지 않도록, 자괴감에 젖지 않도록 집이 아닌 새로운 공간에서 일하기를 권유하셨다. 아이가 막 기저귀를 떼고 어린이집에 적응하고 있을 4살 무렵이다. '언젠가'를 '지금'으로 바꿀 실행력이 필요했다.

할 수 있는 일과 하고 싶은 일에 대해 생각할 수밖에 없었다. 출구가 보이지 않는 깜깜한 터널 속에서 나는 직접 삽을 들고 출구를 찾아 벽에 굴을 파내기 시작했다. 빛을 향해, 숨통을 트여줄 맑은 공기를 향해. 다행히 나에겐 읽고 쓰고 나눌 수 있는 경험과 독서 목록이 있었다. 막연히 책을 품은 공간을 꿈꾸던 이십 대 시절 나의 모습이 떠올랐다. 책을 좋아하는 남편도 새로운 전환을 통해 마음의 평안을 되찾고 싶어 했다. 책방은 절망으로부터 해방이자 유일한 희망이었다.

가진 거라곤 아파트 전세금뿐이었다. 책방 창업이 먹고 사는 문제와 인간답게 사는 문제를 동시에 해결할 수 있는 돌파구라는 일념으로 우리 가족은 옆 단지 아파트 반전세 매물을 구해 이사를 했다. 그리고 살고 있던 동네에서 가장 낮은 월세 조건의 상가주택 1층에 자리한 10평짜리 자리를 찾았다. 남은 전세 보증금으로 가게 보증금 3천만 원을 냈다. 인적이 드물긴 했어도 벚꽃 산책로와 지하철역, 주거지역에 가까워 나쁘지 않은 자리라고 판단했다. 가게 월세, 집 월세가 매달 나가게 되었지만 우리 부부에겐 다른 방안은 없었다. 책방과 가정을 동시에 지키기 위한 기꺼운 선택이었다.

월세 65만 원에 관리비, 전기요금와 수도요금, 인터넷 비용 및 국민연금, 건강보험료까지 포함하면 고정 비용은 100만 원 가까이 되었다. 밑지지 않으려면 책을 판 순이익이 최소 100만 원은 되어야 한다. 거래처에서 책 사입 시 공급률은 평균 70%, 하루에 몇 권씩 팔아야 하는 걸까? 어떻게 팔아야 하는 걸까? 책방에서 파는 책은 파스타 한 접시나 커피 한 잔처럼 즉각적인 만족을 주지 않는다. 족집게 학원의 성적 결과처럼 자기 발전을 뚜렷하게 볼 수 있는 것도 아니다. 책을 통한 정서적 충족은 개인마다 달라서 책방이라는 공간이 낯선 이들에게는 문턱이 높게 느껴진다. 그럼에도 허들을 넘고 매달 최소 순이익 100만 원을 채우기 위해, 같은 책이라도 이곳에 와서 사고 싶은 이유를 만들어 보려고 고민했다. '이 책을 사고 싶다'에서 '버찌책방에서 이 책을 사면 좋겠다'로 나아갈 수 있도록.

2019년부터 '책방지기'라는 직함으로 살아왔다. 이사 하면서 10평에서 20평으로 책방 규모는 커졌고 이용하는 사람도 늘어났지만 '책을 팔아서 돈은 버냐?'라는 질문에 아직도 쉬이 그렇다고 대답하지 못한다. 책방이 어렵다, 쉽지 않다는 말은 진심으로 그만하고 싶다. 그렇지만 책방은 책방지기 가족과 책방을 애용하는 책벗들에게 읽고 쓰는 삶을 경험할 수 있는 공간이 되어 주었다. 책방에서 자라다시피 한 아이는 10대가 되었고, 남편은 책방을 함께 가꾸며 자연스럽게 약을 끊었다. 매달 갚는 대출이자는 월세나 마찬가지지만 책방에서 각기 다른 삶을 만나고 희망을 품을 수 있기에 견디고 산다. (이제 이자 말고 원금도 갚고 싶다!)

책방을 찾는 손님은 귀하다. 온라인 서점의 편리와 가격, 대형서점의 쾌적함과 다양하고 넉넉한 재고라는 장점을 마다하고 작은 책방을 일부러 찾아온다는 건 굉장한 노력이다.

"어서 와. 오늘도 수고 많았어." 한결같이 다정하게 말을 걸어준 책처럼 내 손으로 꾸며놓은 공간이 일상에 쉼표를 선사하는 휴게소가 되길 바란다. 세상의 속도에 맞춰 숨 가쁘게 살아가다 나로 되돌아갈 수 있는 책 휴게소.

딩동! 고마운 택배가
배송되었습니다

코로나바이러스에 대한 공포로 길에 사람 하나 없던 2020년 상반기, 지하철 종점 근처에 있는 동네 책방은 어떻게든 버텨야 할 방법을 마련해야 했다. 그중 제일 먼저 배워서 손에 익혀야 했던 것은 택배 매뉴얼이었다.

책은 택배로 보내기 까다롭다. 손안에 들어가는 시집부터 컴퓨터 모니터만 한 그림책까지, 크기와 두께가 천차만별이다. 게다가 두세 권만 해도 무게가 제법 나간다. 크기로 보나 무게로 보나 다른 상품에 비하면 가격 대비 택배비가 더 나갈 수밖에 없다. 심지어 책 모서리는 작은 충격에도 쉽게 상한다. 아무리 예쁘게 만든 양장본 리커버 에디션이라 할지라도 모서리가 찌그러지고 나면 주인을 만나기가 어렵다. 어쩌다 책에 난 상처에 크게 신경 쓰지 않는 너그러운 손님을 만나지 않는 한 고스란히 책방지기의 몫이 되고 만다.

그래서 택배 상자는 책 크기보다 좀 더 넉넉한 걸로 준비한다. 책의 손상을 막기 위한 완충재도 필요하다. 환경을 생각해 플라스틱 비닐 말고 종이 완충재를 사서 돌돌 말았는데, 맙소사 이건 배보다 배꼽이 더 큰 게 아닌가! 가뜩이나 마진도 적은데 택배 상자와 완충재, 박스 테이프를 구비하는 데 적지 않은 비용이 들었다. 책 팔면서 책방을 유지해야 하는데 딱히 저렴한 택배 포장 방법을 모르니, 이거 원. 그러나 칼을 뽑았으면 두부라도 썰어야 한다는 심정으로 SNS를 통해 책 택배 주문을 받았다.

"택배 주문 가능할까요?" 신기하게도 당시 인스타그램 팔로워 수가 1,000명이 되지 않는 작은 책방에 주문하는 손님들이 생겼다. 처음 연락을 받고 나서 어안이 벙벙했다. 이분들은 도대체 어떻게 알고 만나본 적도 없는 사람을 뭘 믿고 연락을 하는 걸까? 서울부터 제주까지 하루이틀마다 평균 한 건 정도의 주문이 있었고, 들어오는 주문을 처리하면서 택배 포장도 차츰 손에 익어갔다. 비결은 다른 데 있지 않았다. 직접 해보고 나와 책방에 맞는 방법을 찾는 게 최우선이었다.

물류센터에서 보내온 택배 상자가 활용하기 좋았다. 책을 담고 있던 상자라 깨끗했고, 이미 상자 안에 책을 보호하는 완충재가 들어있으니 그대로 책을 담기에 안성맞춤이었다. 게다가 환경을 생각하면 이보다 탁월한 재활용이 없지 않은가! 지구를 위해 조금이나마 이로운 결정을 해야겠다는 생각

이 들었다. 다만 책을 받는 손님을 설득해야 하니, 택배 상자 윗면에 초록색 매직으로 썼다. "지구를 위해 깨끗한 책 택배 상자를 다시 사용했습니다. 이해해 주셔서 감사합니다." 글씨만 두기에는 허전해 분홍색 매직으로 작은 하트를 그렸다. 택배 상자에 재사용 안내 글귀를 여러 번 쓰다 보니 어느새 포장한 책 상자에 매직으로 간단한 손 글씨와 그림을 그리는 일에 재미를 붙이게 되었다. 'Thank you', 'Merci'라는 문구와 하트와 체리, 스마일 등 간단한 그림을 그리며 그날의 택배 작업을 마무리할 때면 얼마나 뿌듯하던지!

책 택배 포장 4년 차, 책의 판형은 전보다 훨씬 다양해졌고 그동안 책뿐만 아니라 커피 드립백, 메모지, 필기구 등 책방 굿즈도 생겼다. 어느 상자에 담든 '버찌책방'에서 온 택배라는 느낌을 담을 수 있도록 자체 제작한 로고 박스 테이프를 사용 중이다. 시간이 지나면 택배 작업이 쉬워질 줄 알았지만 주문받은 상품의 모양과 수량이 점점 다양해지고 있어 매번 다른 형태와 방법의 택배 포장이 생긴다. 그래도 애써 책방지기에게 직접 문자와 인스타그램 메시지를 보내면서까지 온라인 주문을 하는 손님의 수고를 생각하면 이런 비효율적인 작업은 일도 아니다.

"지기님, 책 잘 받았어요!"

"책은 무사히 도착했어요."

"잘 읽어볼게요. 감사합니다."

아니, 고객이 판매자에게 감사하다니! 클릭 몇 번만 하면 정확하게 집까지 배송되는 세상에 시간과 에너지를 들여 작은 책방에서 책을 구매하는 손님들의 마음은 도대체 어떤 모양과 크기일까? 책 주문과 책 택배는 가게 주인과 고객의 관계를 넘어서 책을 사랑하는 이들 사이에 오가는 안부인사와 읽기 생활을 응원하는 마음으로 지속된다고 본다. 디지털 자본주의 시스템의 예측을 벗어난 종이책 인류애, 동지애의 현장에서 나는 말로는 온전히 표현할 수 없는 무언가를 포장하고 있다.

시류와 반대로 가는 책방과 함께 거슬러 올라가는 책방 이용자들에게 다 표현하지 못한 고마움을 어떻게 전할 수 있을까? 책을 팔면서 책값 이상의, 아니 돈으로 환산할 수 없는 가치를 벌고 있다.

살갗에 새기는 다짐

《멜라지는 마음》의 김멜라 작가의 생애 첫 타투가 'Rainy'라는 글을 읽었다. 덕분에 10년 만에 처음으로 나의 타투에 대해 이야기하고 싶은 용기가 샘솟았다. 내 첫 타투는 왼쪽 손목 안쪽에 숨어 있다. 얼핏 보면 작은 하트로 볼 수 있겠으나, 실은 '평화'를 의미하는 ☮의 테두리 원을 하트 모양으로 살짝 변형시킨 그림이다.

서른을 앞두고 잘 다니던 증권회사에 사표를 냈다. 나를 얽매던 돈을 좇는 욕망, 미래에 대한 불안, 직장 내 관계로 인한 스트레스, 대도시 한복판에서 안정적인 미래를 위한 자리를 찾기 위해 아등바등했던 시절과 이별을 고하고 싶었다. 퇴사하던 날, 상사와 동료들과 인사를 나누고 나온 뒤 곧장 타투숍으로 찾아갔다.

생애 처음으로 만난 타투이스트에게 퇴사하게 된 내 상황을 설명했고, 앞으로의 삶에는 '평화와 사랑'이 언제나 함께

하기를 바라는 마음을 담아 하트 모양의 평화 심볼을 골랐다. 눈을 질끈 감고 팔을 타투이스트에게 맡겼다. 날카로운 바늘로 상처를 내고 그 상처 안에 잉크를 넣는 일. 따끔했지만 견딜 만했다. 그 고통은 병원에서 주사를 맞았을 때, 한 학년 선배에게 이유도 없이 끌려가 고개 숙인 채 뒤통수를 맞았을 때, 자전거를 타고 가다 커브 길에서 크게 넘어졌을 때 등 과거 경험했던 신체적 고통과는 다른 결의 고통이었다. 몰라서 견뎠을 수도 있겠지만 덤덤하니 개운함마저 들었다.

"술은 피하시고, 약국에서 파는 기저귀 발진 크림 있어요. 그거 잘 발라 주세요."

붉게 부어오른 자리를 가만히 쳐다보았다. 타투한 부위에 크림을 바를 때마다 한참 동안 살살 어루만져 주었다. 나아라, 얼른 나아라, 나아져라. 앞으로의 삶은 지금보다 나아질 거라는 미신적 의식 같았달까? 딱지는 자연스럽게 떨어졌고 딱지가 떨어진 피부, 즉 새살이 돋은 자리에 남은 타투 문양이 신기해 또 한참을 바라보고 만져보던 기억이 난다. 마치 아주 오래전부터 나의 사랑과 평화를 응원하며 왼쪽 팔목에 있었던 것처럼.

일과를 마치고 손목시계를 벗을 때마다 타투가 눈에 들어온다. 타투에 담았던 나의 소망도 좋든 싫든 매일 떠올리게 된다. '맞아, 사랑과 평화였지' 매사 감시와 평가였던 금융회사 조직에서 폭식과 거식을 오가며 불안을 잠재웠던 스물아홉 살 그리고 결혼과 출산, 서점업으로 30대를 살아오며 서서히 깨닫게 되었다. 완전한 사랑과 평화는 애초에 없었다는 것을. 다만 좋아하는 무언가를 마음껏 좋아하는 시간만큼은 내 안에 사랑과 평화가 잠시 머문다는 걸 이제는 안다. 그리고 그 대상은 종이책과 연필 그리고 빈 노트라는 사실을. 좋아하는 것을 함께 좋아해 주는 친구들까지.

> 좋아하는 것을 좋아한다고 말할 수 있는 자유. (…) 나는 그 자유를 확인받기 위해 책을 읽고, 나처럼 책을 통해 확인하고 싶은 누군가를 떠올리며 글을 쓴다.
>
> - 《멜라지는 마음》중에서

첫 타투를 시작으로 10년 동안 삶에서 내가 깨닫게 된 것을 하나둘 몸에 새겼다. 왼쪽 손등에 둘, 오른쪽 손등과 손목에 둘, 팔에 둘 그리고 가장 아프고 유지하기 어려웠던 손가락에 새긴 타투까지. 삶의 변곡점마다 타투가 하나둘 늘어갔다. 얇은 피부에 새겨넣은 각각의 타투를 만질 때마다 바늘이 몸을 찌르던 당시 타투숍에서의 고통 동시에 그 날카롭게 찌르는 아픔보다 훨씬 가혹했던 현실의 괴로움이 떠오른다. 그리고 삶의 상처와 고통에 주눅 들거나 포기하지 않고 이겨낸 지금 내 모습까지. 말하지 않아도 내 몸 구석구석에서 동전만 한 타투들이 말하고 있다. 너에게 사랑과 평화가 깃드는 시간을 잊어버리지 말라고, 삐걱대는 시기에도 그 마음만은 잊지 말라고. 타투마다 사용한 언어는 다 다르지만 하고 싶은 말은 같다. "좀 더 자유로워져도 괜찮다."

"VIS TA VIE(비 따 비)." 프랑스어로 '너의 삶을 살라'는 의미다. 두 번째로 새긴 타투의 문구로 오른쪽 팔목 위에 바깥을 향해 새겨져 있다. 텍스트가 밖을 보고 있는 만큼 나뿐만 아니라 책방 안과 밖에서 만나는 인연과 나누고 싶은 일상적 주제이기도 하다. 어떤 순간에 나다워질 수 있을까? 무엇으로 일상에서 나다움을 잃지 않고 살아갈 수 있을까? 좋아하는 책이 가득한 공간에서 일하고 있지만 책을 숫자(판매량, 재고량, 주문량, 매출 등)와 치환시켜야만 하는 지금의 삶은 나답게 사는 걸까?

"Wonder(원더)" 어떤 상황이 닥치더라도 삶을 향한 호기심과 경이로움을 잃지 않기를 바라는 마음으로 왼쪽 손등 위에 나를 향해 새겨놓았다. 이 타투를 보며 익숙한 것도 조금은 낯설게 보고, 애정으로 천천히 바라보기 위해 마음의 눈을 새롭게 뜨려고 한다.

"지기님, 몸에 타투가 많은데…, 모양도 다 다르고. 혹시 이유가 있어요?"

종종 손님들이 묻는다. 서점을 운영하고 초등학생 자녀를 키우는 40대 여성의 몸에 새겨진 타투가 낯설고도 궁금할 것이다. 그렇다면 나는 '타투한 여자'에 대한 사회적 선입견의 벽이 조금이나마 허물어지길 바라는 마음으로 타투에 담긴 의미를 들려주곤 한다. 책방지기에게 다가와 관심 어린 질문을 건네는 분들에 대한 감사한 마음도 잊지 말아야겠지.

"당시 제가 어떤 상황이었냐면요…."

"그 상황에서 결코 잊고 싶지 않았던 마음은 이런 모습이었어요."

타투는 한 개인의 서사가 담긴 상징적 이미지이자 메시지이며 존중받아야 할 문화이기도 하다. 세상과 부딪히고 흔들리며 경험한 희로애락의 상흔, 영구적으로 새기고 싶을 정도로 소중하게 여기는 무엇, 간절히 소망하는 미래의 모습. 살아 숨 쉬는 피부 위에서 타투들은 저마다의 이야기를 가졌다.

의지로 새긴 피부 위 상처와 '멜라지면서' 기꺼이 나이 들고 싶다. 내 몸을 어루만져 가며 나를 사랑해 주면서 그 변곡점의 순간을 기억할 것이다. 타투를 한 책방 할머니, 타투로 이야기를 들려주는 이야기꾼 할머니로 늙어가는 미래의 내 모습을 상상해 본다.

책을 담은 집짓기

　결혼 후 형편에 맞게, 상황에 맞추어 살아왔다. 결혼 생활만 10년을 채우고 난 지금 돌이켜보니 과거의 주거 공간은 '안정'과는 거리가 멀었다. 남편은 주거 환경이 자주 바뀌었던 유년 시절의 영향으로 '내 집'에 대한 열망이 마음 한 가운데 자리한 것 같았다. 아이를 낳은 후로는 살고 있는 집과 살게 될 집에 대한 관심을 잠시도 놓아본 적이 없었다. 단순히 소유를 떠나 안정에 대한 열망이기도 했다. 그렇지만 선택의 범위는 늘 아파트에서 아파트였을 뿐. 우리 부부가 찾고 있던 미래의 풍경은 대한민국 사회가 정한 평균, 보통의 가정 범위라는 울타리를 넘어본 적이 없었다.

　전세 계약 주기 2년마다 이사를 다녔고, 집을 빌려서 사는 동안 '여기에 뿌리를 내린다면 어떨까' 상상하며 '집'에 대한 대화를 자주 나눴다. 삶의 우선순위와 경제적인 조건이 완벽히 일치한 적은 없지만 이사 간 동네에서 일주일, 한 달, 일 년 이상을 지내보며 고민을 멈추지 않았다.

처음 책방을 시작한 동네도 '한적한 환경'이라는 당시 우리 가족의 라이프 스타일에 맞고 살림 형편에 맞는 전세 매물 조건에 따라 결정했다. 동네 하천을 따라 산책하다 보면 자연스레 만나는 골목길, 높지 않은 건물 사이로 트인 하늘이 보이고 계절의 변화를 보여주는 나무를 쉽게 볼 수 있는 자리에 책방 첫 시즌을 시작했다.

전세 보증금에서 책방 임대 보증금으로 사용한 3천만 원을 마련하기 위해 우리는 또 한 번 이사를 가게 되었다. 책방을 하고 싶고 해야만 했던 상황에서 매달 집과 가게, 두 곳의 월세를 내면서 2년 반을 살았다. 좋아하는 일을 시작하게 되었지만 마냥 신나지만은 않았다. 공간의 지속가능성을 고민해야 하기에 작은 일도 큰 일처럼 책임감을 안고 책방을 열었다. 큰돈은 벌지 못 할지라도 손해를 보면 안 되었다.

책방을 시작하고 맞는 첫 번째 겨울이 아직도 생생하다. 시작한 지 6개월이 지난 시점에 코로나바이러스가 모든 일상을 멈추게 만들었다. 책방이 있던 골목에는 종일 사람이 없었다. 하루 종일 왕래가 많은 산책로에서조차 사람을 만나기 어려웠다. 유치원 휴원 중인 꼬마 책방지기는 종일 엄마 옆에 있었고, 책방은 어두컴컴하게 닫아 놓을 수밖에 없었다.

팬데믹이 언제 끝날지도 모르는 상황에서 무작정 기다리

고만 있을 수도 없는 노릇이었다. 온라인으로 입고 도서를 올려 주문을 받아 택배를 부쳤다. 손님의 발길이 뚝 끊긴 상황에서 택배 주문, 단골손님의 온라인 주문만으로는 고정 비용을 충당하기란 어려웠다. 팬데믹이 시작된 초기에 책방 월세를 남편 월급으로 내기 시작했다.

"우리 지금 월세 두 개 나가는 거…, 그냥 은행 대출이자로 내면 어떨까?"

"어떻게?"

"집이랑 책방을 합치는 거지."

"그럼, 집을 짓겠다고?"

"어차피 우리도 언젠가 집을 장만해야 할 거 아냐. 책방을 계속하고 싶다면, 지금 상황은 정말 아닌 거 같아."

집과 책방을 하나로, 남편의 아이디어가 황당하지만은 않았다. 그렇지만 당시의 나로서는 진지하게 생각해 본 적 없는 미래였다. 도대체 어디서부터 무엇을, 어떻게, 얼마나 많은 과정을 거쳐야만 할까? 수많은 의사결정이 쌓이고 쌓여야 집이 완성되겠지. 책방과 집이 공존하는 주택을 상상하면 설레기도 했지만 한편으로는 막막하기도 했다. 그 집은 우리의 일상을 품을 것이며 우리 가족의 생각과 정체성에 영향을 미칠 테니 말이다.

주말 산책 삼아 살고 있는 동네 주변으로 토지 매물을 보러 다녔다. 아파트 단지에서 벗어나 하천의 상류를 따라 거슬러 올라가면서 '미래의 집' 자리를 찾아다녔다. 마당에 나와 계신 할아버지와 인사를 건네고, 동네 주민이라도 된 마냥 산책하면서 마을을 지키고 있는 오래된 감나무와 모과나무를 바라봤다. 수시로 미래의 책방, 미래의 우리 집을 상상해 보았다. '집터'를 찾는 일은 우리 가족이 추구하는 삶의 모양과 방향을 고민하며 버릴 것과 지킬 것들을 명확하게 가리는 과정이기도 했다.

막연히 땅을 찾아 다닌 지 반년쯤 흘렀을까. 괜찮은 땅을 만났다. 우리 가족에게 무엇보다 중요한 조건이었던 가격도 비교적 감당 가능한 수준이었고, 아파트 단지가 조성되기 아주 오래전부터 형성된 작은 마을이라 사람들의 발길이 닿는 대로 자연스럽게 난 구불구불한 좁은 길이 산책의 즐거움을 더했다.

마을 입구에서 좌측으로 난 외길을 따라가다 보면 산을 바라보며 걸을 수밖에 없는데 이 풍경 또한 계절의 변화를 느낄 수 있는 즐거움 중 하나였다. 머릿속으로 시뮬레이션을 가동해 책방을 나름대로 그려보았다. 오전과 오후의 집터와 주변 일조량의 변화를 살피고, 마을 입구부터 집터까지 난 길의 교통량을 관찰하기도 했다. 시시각각 변하는 마을의 풍경 속에 나를 던져 놓고 나와 가족의 미래, 책방의 미래를 그려보았다. "태양이는 이 자리가 어떤 것 같아? 마음에 들어?" 아빠 엄마를 따라 집을 지을 자리를 찾으러 다니는 일에 그저 신이 난 여섯 살 아이에게 물었다.

"조용해서 좋아. 지금 우리 사는 집에는 하루 종일 버스랑 차 지나다니는 소리가 나잖아."

"그러게…. 참 조용하다."

"그럼, 집 짓고 여기서 계속 사는 거야? 이사 안 가도 되고?"

"집을 짓게 된다면 그렇지."

"이제 별이랑 집 안에서 마음대로 뛰어도 되는 거지?"

"그렇지."

"그럼…, 아빠도 화 안내겠지? 새 집이니까. 아빠 방도 따로 만들어 주자."

"…"

아이를 통해 그동안 우리 가족의 삶이 어땠는지, 아이가 기억하는 주거 공간이 어떤지 알 수 있었다. 어린이 인생 6년 동안 이사만 총 세 번, 이제는 정말 이사 다니기 싫을 만하다. 남편과 나는 망설임 없이 부동산에 연락해 계약 희망 의사를 전했다. 아이의 대답이 영향이 컸다. 아이의 직감을 믿었고, 우리 가족에게 평안한 삶을, 책방을 오랫동안 하는 내 모습을 간절히 꿈꿀 뿐이었다.

아파트라는 주거 공간과 헤어질 결심을 하고 난 후로 집짓기와 공간에 관한 책을 닥치는 대로 읽기 시작했다. 책에 의존도가 높은 사람이 건축을 이해하는데 다른 방법이 뭐가 있겠나 싶다. 공간을 단순하게 인테리어의 범위 안에서만 생각했던 사고의 지평이 공간을 이야기하는 저자들의 세계를 만나 서서히 확장됨을 느꼈다. 어떤 외관과 구조의 집을 지을 것인가가 아닌, 우리 가족의 집에 어떤 삶의 풍경으로 채울 것인가가 먼저였다. 삶의 우선순위를 정리해야 공간의 디테일도 명확해질 터였다.

우리나라 건축가가 쓴 책을 찾아보다가 《집의 귓속말》을 만났다. 건축 설계를 업으로 삼던 저자의 가족을 위한 첫 집 짓기 기록이 담겨 있었다. 일로서의 건축이 아닌 가족과 내 삶을 위한 건축 과정이 세세하게 적혀 있었고, 건축가이자 건축주로서 솔직 담백한 문장에 담긴 겸손한 마음씨에 끌렸다. 순식간에 책을 완독하고 나서 저자의 건축사무소를 찾아보았다. 사무소를 함께 운영하는 다른 건축가도 일본 건축 여행에 관한 책을 쓴 저자였다.

글을 읽고 나니 사람이 보였다. 클라이언트의 집, 가족과 함께 살 집을 경험해 본 사람이라면 믿을 수 있고, 읽기와 쓰기가 몸에 밴 건축가 팀이라면 책방을 품은 집을 잘 이해할 것 같았다. 마음이 확 열릴 수밖에 없었다.

소장님, 메일 감사해요. 글 읽고 걱정이 많이 줄었습니다.

우리 집 설계를 의뢰 드리고 싶습니다. 책을 좋아하시고 글을 썼던 분이라 책방이라는 공간을 어느 건축가보다 잘 이해하고 공간을 설계해 주실 거라는 생각이 들어요.

스토리텔링 말씀하셔서 놀랐어요. 저희도 사실 집 짓는 이야기, 가족을 위해 책방을 짓는 이야기를 책으로 엮으려고 생각하고 있었는데 건축가 분께서 즐거운 상상과 제안을 공유해 주다니 설레기도 했습니다. 저희 책방도 '이야기'와 '기록'을 통해 공간 속 보이지 않는 가치를 강조하고 있거든요(책을 좋아하는 사람들끼리 '통했다'라고 느껴졌어요^^;).

사실 저희가 토지 매입과 설계공사비 모두 보유자금 수준을 초과해서 계획을 세우고 추진하고 있어요. 부끄럽지만 만나서 말씀드리는 편이 나을 것 같고요. 인연이 닿게 되어 영광입니다. 감사합니다!^^

책을 담은 집, 이야기가 흐르는 작은 책방은 책으로 인연을 맺고 새로운 걸음을 정식으로 내딛었다. 무형의 이야기에서 유형의 공간으로 황량한 폐축사 자리에 우리 가족만의 이야기로 작지만 드넓은 세계를 쌓을 차례였다.

버찌책방의
첫 번째 매듭

책방 시즌 1을 종료하는 날이었던 2021년 10월 31일 일요일, 책방 종료 소식을 알린 뒤로 약 2주 동안 할인해서 판매하고도 남은 책들로 책방은 이사를 했다. 주인을 만나지 못한 책들을 상자에 넣으며 재빠르게 책등의 제목을 훑었다. 아직 때를 만나지 못한 것일 뿐, 만남의 기회를 놓친 것은 아니라는 생각으로 책들이 다치지 않도록 이삿짐센터 다회용 상자에 조심스럽게 넣었다.

제작한 원목 가구들은 무게가 상당했다. 크기도 제법 큰 편이라 놓을 곳을 찾기가 어려웠다. 좋은 목재로 정성 가득 만든 가구를 떠나보내는 일. 가구가 처음 들어왔던 2년 전 어느 가을날이 떠올랐다. 직접 스케치 한 가구를 실물로 만났을 때의 기쁨, 예상했던 자리에 퍼즐처럼 딱 들어맞았을 때의 뿌듯함.

"어휴, 책도 그렇고 가구도 그렇고 무게가 어마어마하네!"

만만찮은 이삿짐 무게만큼이나 마음으로부터 떠나보내기 쉽지 않았다. 책방의 추억 일부가 영영 떨어져 나가는 기분이었다. 몇몇 가구는 지인에게 판매해서 떠나보내고 집에 보관할 수 있는 책장과 테이블만 집으로 들였다. 이른 아침부터 시작된 이사는 점심시간이 다 되어서야 끝났다. 가구와 책이 빠진 공간은 여전히 정리할 게 남아있었고 오후 4시가 넘어서야 간판을 떼어냈다. 책방 시작할 때 간판업자의 손으로 설치했던 간판을 마지막 날이 되어서야 처음으로 만져보고 안아도 보았다. 내가 직접 만든 로고가 그려진 책방 간판을 달았던 날, 환하게 켜놓은 채로 가족이 다 함께 바라보던 그날 밤이 떠올랐다. 버찌책방의 간판은 책방의 '이름표'이고 책방지기 가족의 '이정표'이기도 했다.

2년 2개월 동안 책벗들과 함께 사용했던 물건과 책들은 살고 있는 아파트에 들여놓았다. 익숙했던 책방 물건도 아파트로 옮기니 전혀 다른 느낌이었다. 새 가구를 산 기분, 책을 선물 받은 기분이 잠시 들었다. 작은 방 한 켠에 책방에서 사용했던 책장을 놓고 이삿짐센터 아저씨와 함께 책을 꽂았다. 한 권 한 권 손에 잡힌 책을 마주하며 책으로 이야기 나누던 순간들이 퍼즐 조각이 되기 시작했다. 책장을 거의 다 채웠을 즈음엔 버찌책방의 2년이라는 시간이 하나의 이야기를 담은 퍼즐로 완성되었다.

비어 있던 거실에는 자작나무로 만든 2미터짜리 전면 책장을 놓았다. 전면 책장은 어떻게 채울까? 시즌 2 공간을 열기 전에 이 책장을 어떻게 활용할 수 있을까? 집에 있는 오래된 책장으로 다가갔다. 그동안 읽은 책, 사들인 책이 정돈되지 않은 채 책장을 꽉 채우고 있었다. 책방 서가에 에너지를 쏟느라 개인 서재 정리는 소홀했던 거다. 프랑수아즈 사강, 토베 얀손, 마르그리트 뒤라스, 아스트리드 린드그렌, 박완서, 김향안, 시몬 드 보부아르, 와인과 공간에 관한 이야기 그리고 존 버닝햄, 수지 모건스턴, 제인 욜런, 존 무스의 그림책까지 따로 놓고 싶은 책을 골랐다. 거실에 놓은 전면 책장은 순식간에 책을 좋아하는 사람의 취향으로 채워졌다. 그리고 길벗체로 쓴 '버찌책방' 액자를 간판 삼아 함께 진열해 두었다. 버찌책방이 팝업스토어를 한다면 이런 느낌이 아닐까 하는 생각이 들었다.

지금까지의 버찌책방과 또 다른 모습으로 다가온 책과 책장을 보며 책방의 시즌 1 종료가 '마무리'가 아님을, 또 다른 시작임을 깨달았다. 경험한 '끝'이 하나로 매듭지은 과거가 아니라 또 다른 시작을 위한 '전환점'이다. 그동안 책방을 하며 모은 책과 재고로 쌓인 거대한 책더미는 약간의 바람을 제외하곤 변함없는 모습으로 책방 시즌 2를 준비하는 나의 '책 휴게소'가 되었다. 악천후나 건축자재 가격 상승으로 인한 자

금 문제로 주택 공사가 잘 안 풀려서 답답했던 날에도 그 책장은 지친 마음을 기댈 수 있는 버팀목이 되어 주었다.

마침내 완공 후 '별빛집'으로 이사 오면서 그 가구들은 새 집에서 새 자리를 찾았다. 나의 첫 제작 가구는 여전히 이중 진열을 해가면서 과식 상태로 업데이트되는 중이다. 키다리 전면 진열 책장은 책방 입구 구석에 두고 매달 테마가 있는 추천 도서로 새 옷을 정기적으로 갈아입는다. 녹슬지 않기를 바라는 마음으로 신경 써서 제작한 스테인리스 로고 간판은 책방 입구 벽면에 기대어 두었다. 도로와 마주한 건물의 벽면을 방패를 든 기사처럼 지키고 있는 것만 같다.

지금은 사진과 기록으로만 남아있는 시즌 1의 기억은 공간 곳곳에서 현재형 이야기가 되어 과거와 현재를 연결하는 매듭으로 존재한다.

책을 팔 수 있다면
어디로든 달릴레이

첫 번째 시즌을 정리하고 어쩔 수 없이 생기는 공백 기간을 그냥 흘려보낼 자신이 없었다. 2년 넘도록 삶 깊숙이 자리 잡은 책방 이야기가 빛바래고 사라지는 걸 원치 않았다. 책으로 맺은 사람들과의 관계를 잃을까 봐 두려웠다. 책방은 수익을 창출하는 사업장을 넘어서 책을 사랑하는 사람들과의 소통과 교류하는 장이었다.

집짓기를 준비하는 하루하루가 도전이자 투쟁이었다. 거대하고 지난한 건축 과정에 맞서는 긴 시간 동안 할 수 있는 거라곤 주어진 일과를 정성스레 빚어내고 충실히 살아내는 것이었다. 살고 있던 아파트에 팔고 남은 책 재고와 책방에 두었던 살림살이를 겨우 들여놓은 후 이삿짐을 채 다 풀기도 전에 자동차 운전 학원에 등록했다. 공간이 없으니 대안으로 자동차에 책을 싣고 찾아가면 어떨까 하는 막연한 생각으로 운전면허에 도전했다.

필기 시험 합격 후 실기 시험을 준비하면서 뭔가에 홀린 듯이 경차 한 대를 계약했다. 2달 뒤에 차가 나온다니, 그 전에 무조건 실기에 합격하자는 마음이 생겼다. 36개월 할부는 매달 내는 책방 월세로 삼기로 했다. 장내 주행 시험에 떨어진 날, 오랜만에 맛 본 불합격의 씁쓸함을 못 이겨 집으로 돌아가지 못하고 카페 구석에 숨었다. 예약해 둔 자동차 이미지를 스마트폰으로 띄워 새로운 책방을 상상하며 마음을 달랬다. 끊임없이 올라오는 불안은 긍정적인 모습으로 구체화하며 잊을 수밖에. 책방의 미래와 집짓기 결과를 알 수 없어 불안할 때마다 작은 박스카를 활용한 책방, 움직이는 책방, 상황 맞춤형 책방을 떠올리며 자동차 트렁크에 맞춘 책장을 스케치했다. 불확실한 책방의 시간을 버틸 수 있는, 내가 아는 유일한 방법이었다.

 출고된 지 일주일이 채 되지 않은 차를 끌고 몇 블록 떨어진 목공방으로 향했다. 상상 속 트렁크 책장은 반드시 현실이 되어야 한다는 간절함으로, 책장 스케치가 담긴 수첩과 줄자를 손에 꼭 쥐고 문을 두드렸다. 나무와 담배 냄새가 오묘하게 섞인 낯선 공간에 들어가 무턱대고 통장 잔액 30만 원을 보여주며 이야기를 시작했다. 책방을 닫았으나 닫고 싶지 않은 '이동식 책방'이라는 오로지 단 하나의 가능성, 나의 책장 스케치 한 장을 두고 공방 사장님께 사업 설명회를 한 셈이다.

책방을 유지하고 싶은 아줌마의 간절함을 사장님이 이해해 주신 걸까. 45만 원에 책장을 제작하기로 했다. 당시는 통장 잔액보다 큰 액수라 일단 부담감부터 느꼈던 것이 사실이다. 돌이켜 생각해 보면 최고급 목재인 자작나무 맞춤형 책장을 제작하는데 말도 안 되게 저렴한 가격이었다. 자재비와 공임 외에는 전혀 계산되지 않았다. 다음 단계는 자동차 트렁크 계획으로 배우자를 설득하기.

"여보, 나 이번에 산 차로 책방을 해보려고."

"차로 무슨 책방을 해?"

"박스카는 천장이 높고 트렁크는 납작하니까. 거기에 책장을 넣어서 책을 싣고 다니는 거야."

"그래? 그럼 해 봐."

말만으론 이해하기 쉽지 않을 테니 통화 도중 스케치 사진을 보냈다.

"이런 책장을 팔아?"

"아니, 안 파니까 만들어야지. 우리 자동차에 맞게 직접 만들어야지."

"…?"

"나 지금 목공방에 상담 왔는데. 그림대로 만들어 주실 수 있대. 차량 개조용 가구 전문가야. 마침 우리 동네에서 공방하고 계셔. 이틀이면 만들어 주신대. 근데…"

"그래서…, 얼만데? 얼마나 부족한데?"

나는 늘 이런 식이었다. 책으로 뭔가 해보자고 이것저것 궁리하며 백지에 무언가를 그리거나 쓰고나서 쓱 보여주곤 했다. 남편은 아내가 그린, 보장되지 않은 미래 시나리오를 진지하게 들어주고 방법을 함께 찾았다. 월급의 상당한 부분을 꾸준히 책방에 쏟아 주었다. 책방 때문에 생긴 경제적인 압박은 남편의 치료에 적잖은 영향을 미쳤을 것이다. 그러나 오랜 기간 중증 불안 장애를 치료하는 동안에도 책방이라는 꿈을 현실로 뚜렷하게 만들어 가는 과정을 포기하지 않았다.

우리의 공동 관심사가 책이기 때문이다. 그는 책방을 단순히 아내가 하고 싶은 일로만 여기지 않고, 우리 가족이 함께 할 일이라고 생각했다. 남편에게도 책방은 본인 미래의 일부였다.

전화 통화로 공방에서 벌어진 상황을 설명한 끝에 부족한 돈을 남편에게 투자받았다. 사무실에서 일하다가 '자동차 책방'이라는 뜬금없는 이야기에 당황했을, 그럼에도 아내를 믿고 15만 원을 즉시 송금해 준 남편이 무척 고마웠다. 제작비를 계산하고 새 차를 맡긴 뒤 집으로 걸어서 돌아왔다. 오랜만에 가슴이 뛰었다. 주사위는 던져진 거다.

노련한 목공방 사장님의 손끝에서 나의 납작한 책장 스케치는 견고한 자작나무 책장으로 탄생했다. 트렁크에 완성된 책장을 넣은 그날이 생생하다. "아마도 추돌 사고가 크게 나지 않는 한 자작나무 책장은 절대 망가지지 않을 겁니다." 완성된 작품을 소개하던 사장님의 흐뭇한 표정도 또렷이 기억한다. 트렁크 문을 활짝 열고 뒷자리 의자를 앞으로 접었다. 공방 사장님과 함께 묵직한 책장을 조심스레 트렁크에 넣었다. 비어 있는 책장에 어떤 책을 싣고 어디로 가게 될지 마음이 일렁였다. 텅 빈 책장이 다가올 이야기를 들려주는 예언가처럼 느껴졌다. 책장을 실은 나의 첫 차가 갈 곳 없는 책과 책방지기를 좋은 곳으로 데려다 줄 것 같았다.

잘 알고 지내던 동네 (지금은 이사 가고 사라져서 아쉬운) 소품 숍에서 첫 이동식 책방을 시작한 후로 카페, 빵집, 도서관, 학교에서 책이 필요한 사람들을 만났다. 책방의 틀을 깨는 자유로운 책방, 물리적인 공간보다 넓은 마음의 집합체로 탄생한 책방, 때와 장소에 맞게 모습을 바꾸는 카멜레온 책방. 책을 넣고 팔고 빼고 다시 실을 때마다 새로운 장소와 사람, 책이 빚어낸 이야기는 책장에 차곡차곡 쌓여왔다. 쌓인 추억을 연료 삼아 앞으로도 쌓여갈 것이다.

"책방을 다시 열면 이동식 책방은 안 하실 건가요?"

"아니요, 책이 필요한 공간에서 불러준다면 찾아가야지요."

새로운 곳에서 책방을 다시 시작하고 나서 제일 많이 들은 질문이었다.ND 자동차 책방의 마지막을 생각해 본 적이 없다.

공간이 있지만 공간을 벗어난 또 다른 형태의 책방이 존재할 수 있는 시간과 장소를 포기할 수 없다. 자유로운 형태로 존재할 수 있는 건 '버찌책방'이 단지 특정 장소만을 지칭하는 이름은 아니라는 생각에서다. 트렁크를 열고 책을 담을 때마다 한결같은 모습으로 이동식 책방이 나를 맞이한다(목공방 사장님 말씀이 맞았다. 수많은 과속 방지턱을 넘으며 덜그럭거렸어도 수없이 책을 싣고 다녔어도 트렁크 책장은 건재하다).

지금 글을 쓰고 있는 2025년 봄, 이동식 책방은 세 돌을 넘겼다. 그동안 직접 해보지 않았다면 결코 알 수 없는 것들, 그러니까 매번 바뀌는 장소에 맞추어 찾아오는 손님들이 있다는 것(얼마나 고마운 일인지), 길 위에서 만난 사람들의 책에 관한 관심은 정말 낮다는 것(그래도 실망하지 않기), 책은 어떤 장소라도 아름답게 만들어 준다는 것(책을 사랑하는 이유), 갤러리처럼 책 표지 감상은 쉬우나 책 판매는 무척 어렵다는 것을 책방 밖 자동차 책방에서 배웠다. 그러므로 꾸준히 읽고 나누고 싶다는 책방지기의 의지와 좋아하는 마음이 무엇보다 중요하다. 여전히 익숙한 공간으로부터 나를 떼어내어 낯선 공간에 던져넣는 일은 두렵지만, 살아보지 않으면 알 수 없는 것을 배우고 익히고 싶다. 나누고 싶은 책은 여전히 너무나 많다.

공사 현장으로 출근합니다

착공 1일 차 **2022년 7월 2일, 드디어 시작**

우여곡절 끝에 드디어 시공을 2022년 7월 2일 아침 7시에 시작했어요. 더는 미룰 수 없어 착공 허가 받은 뒤 바로 시작하려고 중장비 대여 예약을 해놓았답니다.

다음 주 태풍이 온다는 소식에 부랴부랴 '터 파기' 작업에 들어갔습니다. 새벽부터 막걸리랑 커피를 사 들고 현장으로 출근했어요. 동네 이웃들과 인사 나누고, 집짓기에 관한 귀한 조언도 많이 들었고요.

책벗들의 관심과 응원에 힘입은 만큼 무사히 공사 잘 마치고 새 공간에서 만나기를 간절히 바라봅니다. 넉넉하지 않은 예산으로 엎어졌다가 일어나기를 수없이 반복하다가 시작한 공사이기에 물가가 더 이상 오르지 않기만을 바라며 차근차근 오늘도 가고자 하는 길 위에 디딤돌 하나를 얹어 봅니다.

착공 7일 차 **2022년 7월 8일, 잘 부탁드립니다**

아침 7시 반, 공사 현장으로 출근합니다. 새벽에 눈 뜨면 제일 먼저 날씨는 어떨지(더 이상 일기예보 안 믿음) 오늘은 어떤 작업을 하게 될지 궁금해요. 돈 걱정은 잠시(철근, 콘크리트가 금값), 집을 짓고 있다는 설렘에 잠이 싹 달아납니다.

"쓴 거 안 먹어요!"

첫날, 아이스 아메리카노를 들고 갔다가 혼났어요. 작업하는 아저씨들에게 원두커피보다 커피 우유에 초코파이가 최고라는 이야기를 듣고 곧장 메뉴를 바꾸었습니다. 커피 향 은은하게 풍기는 새벽 공사장을 상상한 건 모든 것이 처음인 건축주의 몽상이었나 봐요.

매일 간식을 사 들고 현장으로 찾아가 인사를 나눕니다. 달콤하고 시원한 간식으로 공사장의 더위와 피로를 달래드리고 싶어요. 안전모와 먼지투성이 작업복을 벗으면 누군가의 아버지, 누군가의 남편, 누군가의 아들인 분들이니까요. 날이 더워서, 비가 와서 힘든 여름 공사입니다.

"안녕하세요! 더운데 수고 많으세요!"

"집주인이셔?"

"네, 뭣 좀 사다 드릴까요? 시원한 커피? 달달한 걸로 사다 드려요?"

"아이구, 그러면 좋지요."

"저…, 그럼 오늘도 잘 부탁드립니다!"

예비 건축주의 '잘 부탁드립니다'라는 한 마디에 거친 현장 분위기도 보들보들한 기운이 조금씩 돌기 시작하는 것 같습니다.

착공 14일 차 2022년 7월 15일, 비나이다 비나이다

오전 독서 모임을 진행하는 동안 현장 문제로 부재중 전화만 6통이 와있었어요. 오래전부터 형성된 마을이라 이웃 주민들과 소통도 매우 중요합니다. 서점이 들어온다는 소식에 대부분 반겨주셨지만, 일은 일이지요. 매일 생기는 문제는 공사 현장을 책임지는 건축주와 시공사가 직접 해결해야 합니다. 전 연령을 아우르는 의사소통 능력과 불쑥불쑥 예상 밖 문제를 마주할 때 받는 스트레스 관리가 정말 중요하네요.

오늘은 공사 차량이 좁은 도로를 통과해 현장까지 들어오는 과정에서 도로 위로 낮게 설치된 전선들이 큰 이슈였어요. 쉽게 말하자면 전깃줄에 걸려 차가 못 들어왔어요. 금방 처리할 수 있는 문제가 아니라서 찜찜한 마음을 안고 집에 돌아올 수밖에 없었고요. 내일의 새로운 해가 떠야 머리를 맞대고 해결 방안도 나올 수 있는 상황. 건축주를 제외하곤 모두가 근무시간이 정해져 있으니까요.

그럼에도 집짓기는 계속됩니다. 드디어 건물 맨 아래층 버찌책방의 '바닥'이 생겼다는 기쁜 소식! 비나이다, 비나이다. 비야, 잠시만 멈춰다오. 책의 집이 되어줄 콘크리트 바닥이 단단히 마를 수 있도록! 종일 긴장했던 마음을 이완해 줄 주문을 읊어봅니다. 이 정도면 괜찮아. 잘될 거야!

착공 21일 차 2022년 7월 22일, 벽에 창을 뚫는 마음

장대비 아니면 불볕더위, 둘 중 하나뿐인 극한 여름 날씨 속에 버찌하우스의 골조가 차근차근 만들어지고 있습니다. 오전 7시 반, 공사 현장은 이미 한창이에요. 천장이 없이 아침 햇살을 그대로 받은 콘크리트 바닥의 열기가 뜨겁습니다.

지난주 국립현대미술관을 방문했어요. 미술관 주변을 거닐며 미술관 부지를 여러 각도에서 바라보았습니다. 그러다 사각형 구멍이 뚫린 커다란 벽을 만났어요. 거대한 벽을 시원하게 뚫어놓은 창을 통해 바라보는 미술관은 사진 속 또 다른 풍경 같았지요. 커다란 창은 새로운 시선으로 미술관을 바라볼 수 있는 하나의 프레임이었어요. 뭐가 어떻게 될지 모르지만 '이거다' 싶어 사진을 찍어왔어요. 다음날 현장으로 향했습니다.

마침 1층 벽과 경계 담장의 골조를 세우는 날이었어요. 몇 달 동안 책방 입구의 담장을 고민했었어요. 모두를 위해 책방의 정원을 개방할 것이냐, 책방을 이용하는 책벗들을 위해 은

밀한 정원으로 만들 것이냐? 거푸집 벽면 위에 문과 창문 위치를 정하는 동안 저는 현장 소장님에게 문을 창문으로 변경해 달라고 요청했지요. 수첩을 꺼내 공사장 한복판에서 입구 전경을 대략 스케치했어요. 책방 밖 그리고 책방 정원 안에서 창문을 통해 벽 너머를 바라보았을 때 프레임에 담길 그림을 상상했어요.

결국 버찌책방의 작은 마당은 입구에서부터 곧장 개방된 형태가 아닌, 오롯이 책을 읽는 이들을 위한 사적인 장소가 되었습니다. 아늑한 야외 공간에서 고요히 자기만의 방을 만드는 책벗들의 모습을 꿈꿔 봅니다.

착공 34일 차 2022년 8월 4일, 콘크리트 벽에 기대어

드디어 1층 책방 공간의 거푸집을 떼어냈습니다. 건물의 형태가 드러납니다. 마감하지 않은 자재 본연의 느낌, 날것의 느낌이 참 좋습니다. 지난 2년 동안 머릿속에 그린 그림과 가족 간에 대화로만 존재했던 그 집이 지금 눈앞에 있습니다.

거푸집 표면에 난 스크래치까지 그대로 담은 콘크리트 벽 여기저기에 팔을 기대어 봅니다. 거칠고 차가운 벽이지만 따스하게 느껴지는 건 왜일까요? 공간 이곳저곳에서 시선을 사방으로 던져봅니다. 책방지기의 시점에서, 책벗의 시점에서, 처음 방문하는 이의 시점에서, 어린이의 시점에서, 책을 좋아하는 사람의 시점에서, 책을 잘 모르지만 가까이하고 싶은 사람의 시점에서, 누군가와 함께 읽고 싶은 사람의 시점에서. 20평 남짓 속이 텅 빈 싸늘한 콘크리트 덩어리 속에서 버찌책방의 모습을 그리다가 아직 존재하지도 않은 책방이 주는 그리운 감성에 젖어 보았습니다.

착공 47일 차 2022년 8월 17일, 갑자기 쏟아지는 빗속에서

오늘은 3층 바닥을 타설하는 날이었어요. 콘크리트 반죽으로 집의 틀을 잡는 '타설' 작업은 집짓기의 기본 조건인 방수, 단열과 관련된 작업이에요. 기초 작업인 만큼 매우 중요합니다. 중장비들이 들어오는 큰 작업이라 날씨를 고려해 날짜도 신중하게 골랐다고 해요. 오전 내내 수시로 일기예보를 확인하고 하늘을 쳐다보며 비가 내리지 않기를 바랐습니다. 타설 작업이 시작되는 시간에 맞추어 현장으로 향했어요.

분명히 해가 쨍쨍했는데 마트에서 간식을 사고 나올 때부터 빗방울이 떨어지기 시작하네요. 하늘이 야속하지만 어쩔 수 있나요. 두 팔로 안은 종이 상자가 흠뻑 젖도록 내리는 비를 맞으며 레미콘으로 다가갔습니다. 일주일 전부터 작정했던 큰 규모의 작업이었던 만큼 작업하는 분들의 표정도 허탈해 보였어요.

시야를 가릴 정도로 비가 쏟아졌어요. 현장에 있는 모두가

건물 1층으로 모여 물 폭탄을 피했습니다. 간식을 나눠 먹으며 대화 대신 창틀 너머 비 내리는 공사 현장을 조용히 바라보았습니다. 어쩌다 보니 짧게 인사만 나누던 아저씨들과 한 공간에 꽤 오랫동안 머무르게 되었어요. 천장이 생기고 천장을 받치는 벽이 있고 벽 군데군데 창이 난 콘크리트 덩어리 안에서 '보호'받는다는 기분을 처음 느껴보았습니다.

맹렬하게 퍼붓던 비는 언제 그랬냐는 듯 30분 뒤에 말끔하게 그쳤습니다. 현장 아저씨들은 분주한 발걸음으로 다시 각자의 자리에 돌아갑니다. 잠시 모여있었던 1층 공간이 다시 텅 비었어요. 레미콘이 요란한 소리를 내면서 돌기 시작합니다. 매미 대신 풀벌레 소리가 들립니다. 비 온 뒤 산에서 불어오는 바람이 제법 선선합니다.

착공 61일 차 **2022년 8월 31일, 여름의 끝에서**

집의 틀을 마무리 짓는 지붕 덮는 날, 마지막 콘크리트 작업을 하는 날, 현장에서는 공사 마지막까지 잘 풀리게 해달라고 기도하는 풍습이 있대요. 명태도 걸어놓고 막걸리도 여기저기 뿌리며 집에다 인사를 한다는데, 버찌네 가족이 그냥 지나칠 수가 있나요. 버찌, 돌고래, 여덟 살 태양 모두가 월요일 일정을 마치고 버찌하우스에 모였어요.

가게에서 제일 중심이 될 카운터 자리에 명태를 놓았습니다

다. 꼬마 책방지기는 아빠 따라서 커다란 막걸리 한 통 들고 여기저기 뿌리느라 신이 났지요.

"얼른 우리 집이 지어졌으면 좋겠다! 내 방이 생겼으면 좋겠어. 내 방을 어떻게 꾸밀 거냐면…" 아이의 이야기를 듣다 보면 부모의 결핍에서 시작된 꿈이 그대로 아이에게 대물림된 것 같아 뜨끔해요. 초등학교 입학한 지 한 학기가 지났는데 학습 환경을 갖춘 아이 방을 마련해주지 못해 미안한 마음이 들었어요. 뭘 하고 싶다고 해도 '집 짓고 나서 해줄게'라는 대답으로 미루고 미루는 중입니다. 몇 년째 기다리는 아이 마음은 얼마나 간절할까요?

집짓기를 결심한 이후부터 단 하루도 속 편한 날은 없었어요. 어디까지 할 수 있을지, 과연 끝까지 지을 수 있을지, 날마다 절망과 희망 사이에서 미완성의 계획으로 아슬아슬하게 나아가고 있어요. 도대체 책이 뭐라고 이렇게까지 하는 건지 저 자신을 이해하지 못할 때도 자주 찾아오고요.

집이 되기를 기다리는 콘크리트 덩어리 사방에서 막걸리 냄새가 가득해요. 가을 비가 내리는 월요일, 이 여름의 끝에서 잠시 멈춥니다. 한여름 폭풍도 때가 되면 지나가리라 믿습니다.

착공 97일 차 **2022년 10월 6일, 콘크리트의 가능성을 현실로**

바람이 제법 차요. 여름을 한참 붙들고 있던 배롱나무의 분홍 꽃은 지고 어느새 감나무 가지에 감이 주렁주렁 열렸어요. 거푸집을 만든 후 그 속에 시멘트를 부어 만든 철근 콘크리트로 된 버찌하우스도 가을을 맞았습니다.

벽과 천장이 생기고 지붕을 덮었다고 금방 끝나는 건 아니지요. 골조가 마무리되면 앞으로 보다 세밀한 공정이 기다리고 있습니다. 집의 외부와 동시에 내부까지 계산해서 정해야 하는 요소들이 생각보다 많아요. 전기 배선, 수도부터 에어컨 위치, 창문틀 색깔과 소재까지(알루미늄이냐, PVC냐, 이중 유리냐, 삼중 유리냐, 시스템이냐 등). 도면을 들여다보고 견적서 금액과 현 시세를 체크하고 아직 결정되지 않은 실내 콘셉트를 상상하여 집의 요소 하나하나를 시공 현장 소장님 그리고 인테리어 사무소와 고민하는 중입니다.

결정하기 어렵다고 해서 애매모호한 대답을 하거나 답을 미루면 상황도 그만큼 복잡해져요. '조금만 더 생각해 볼게요', '나중에…'라는 대답은 현장의 시간을 더디게 만들고 비용을 키우는 일이기도 합니다. 날마다 결정과 협상의 나날입니다. 지난한 집짓기 과정을 끌고 나아가기 위해선 집을 꼭 짓겠다는 열망이 있어야 합니다.

지난주부터 상업 공간(책방)과 주거 공간의 노출 콘크리트 벽의 보수 작업을 본격적으로 알아보았어요. 거푸집을 뜯어낸 직후의 벽면을 그대로 둘 순 없어요. 벽면 마감의 질은 곧

노출 콘크리트 벽의 내추럴한 소재감을 얼마나 잘 표현하느냐와 직결되기 때문이에요. 거칠어 보이지만 부드럽게, 자연스럽지만 자연스럽지 않은, 콘크리트 표면 마감 정도는 좀처럼 결정하기 쉽지 않습니다.

"다른 건 고치고 칠하고 해서 바꿔도 되는데, 노출은 바꾸가 안 돼요. 수정이 없어요." 버찌하우스 현장에서 상담한 노출 콘크리트 보수팀이 남긴 말입니다.

일본 건축가 안도 다다오는 《나, 건축가 안도 다다오》에서 콘크리트 공정에 대해 다음과 같이 말했습니다. 콘크리트 건축 대가의 강인한 글을 읽으며 건축주로서 태도의 방향을 잡고 용기를 얻었습니다.

> 일하는 사람들의 목적의식의 강도, 즉 '좋은 콘크리트를 만들고 싶다'라는 열망이 마무리에 고스란히 드러난다. (…) 작업에 임하는 사람들에게서 기술자는 자부심을 어떻게 끌어낼 것인가? 콘크리트의 성패는 건축가와 현장의 인간관계가 얼마나 굳건하냐에 달려있다.

착공 134일 차 2022년 11월 12일, 갑자기 찾아온 추위

한동안 겉으로 봤을 때 큰 변화가 없어서 집 짓는 소식이 뜸했어요. 버찌하우스 골조가 단단히 자리 잡는 사이 배관,

배선을 맞추고 바닥 내장재를 설치했고, 창이 난 자리에 틀을 설치하는 작업이 있었어요. 에어컨 사이즈와 위치를 잡은 뒤 천장 마감 작업도 시작되었습니다.

없음에서 있음, 비움에서 채움으로 향하는 길은 수많은 선택을 거듭하는 과정이었습니다. 작은 과정 하나라도 늦거나 변경되면 공간의 많은 요소가 틀어집니다. 집 짓는 모든 과정에서 사소한 건 단 하나도 없는 것 같아요. 게다가 이 모든 것은 '돈'으로 시작해 '돈'으로 끝나는데, 여전히 나와 남편은 머리를 맞대고 부족한 자금을 해결하기 위해 궁리 중입니다. 2년 사이 자잿값이 터무니없이 올라버렸거든요.

10월 초까지 이어졌던 무더위는 모습을 감추었고, 순식간에 입김이 눈에 보이기 시작했습니다. 창틀에 아직 유리를 넣지 않아 추위에 그대로 노출되어서 건물에 하자가 생길까 봐 현장 소장님은 창틀에 비닐을 덮어가며 애지중지 돌봅니다. 내 집처럼 걱정하는 현장 소장님이 계셔서 착공하는 날부터 130여 일 동안 온전히 믿고 맡길 수 있었답니다.

착공 145일 차 **2022년 11월 23일, 쌍화탕은 마음을 싣고**

버찌하우스가 약 5개월 만에 모습을 드러냈습니다. 외벽 작업을 마치고 작업하시는 분들의 안전 통로 역할을 했던 비계를 해체하는 날이었어요.

따뜻한 쌍화탕을 어깨에 메고 '달그락달그락' 병끼리 부딪치는 소리를 음악 삼아 현장으로 출근했습니다. 거의 매일 들락날락하면서 집의 모습이 익숙해졌다고 생각했는데, 막상 비계가 사라진 집의 맨얼굴을 보고 있으니 낯설고 신기했어요. 종일 주변을 맴돌면서 맨땅에 집을 차곡차곡 만들어 온 시간을 되짚어 보았습니다. 동서남북으로 집의 얼굴을 아침 햇살에 비추어 감상하기도 했지요.

착공 166일 차 2022년 12월 14일, 디딤돌 하나도 허투루 하지 않고

건축 과정에서 무엇보다 중요한 것은 '대화'였어요. 어떤 분야의 외부 전문가가 찾아와도 건축주는 경청하고 공간에 대한 의견을 피력하고 조율할 수 있어야 하네요. 현장 분위기를 원만히 이끌어가기란 쉽지 않은 일이에요. 독서 모임과는 전혀 다른 결의 소통…. 좋은 분들을 만나 나름 수월하게 공사를 진행할 수 있었던 것도 복이라고 생각해요.

진눈깨비에 찬바람까지 더해 유난히 날씨가 궂은 날이었어요. 외부 바닥 작업을 마치고 책방으로 들어오는 길을 상상하며 걸어보았습니다. 현장 소장과 인테리어 회사 대표 두 분이 돌의 크기와 위치, 간격 등 많이 고민해 주셨고요. 입구에 어린이 손님 보폭에 맞도록 자갈과 디딤돌의 자리를 하나하나 잡았습니다. 저절로 되는 건 단 하나도 없습니다.

조금만 더 힘을 내자고 제 마음을 달래봅니다. 비바람을 맞으며 마당에 돌을 고르고 계신 소장님께 허리를 숙여 감사 인사를 드린 뒤 현장을 나섭니다.

착공 203일 차 **2023년 1월 20일, 진심이 전하는 것**

준공계 넣기까지 한 달 가까이 걸렸어요. 서류에 쾅쾅 도장 찍어서 관할청에 제출만 한다고 끝나는 건 아니었습니다. 공사와 관계된 각 분야 담당자의 면밀한 검토 끝에 서류를 준비하는 과정에서 50일 동안 주변과 마찰이 있었어요. 누군가를 미워한 적이 정말 오랜만이었고요(거의 처음…). 그 마음을 떨쳐내느라 괴로웠어요. 최우선 순위가 '돈'인 사람들의 배려 없는 태도를 겪으며 나는 저렇게 살지 말아야지 하고 다짐했습니다. 결국 조금 손해 보고 양보했어요. 많은 사람들이 관련된 집짓기를 순조롭게 마무리하는 게 최우선이니까요.

한 편의 영화 같았던 집짓기도 막바지 단계입니다. 건축 과정의 마지막 바늘구멍을 통과하는 중이랄까요. 어제 아침까지 준공계 서류 절차에서 제가 해결할 수 있는 부분을 무사히 마쳤고요. 값비싼 인생 공부를 하고 있어요. 버찌대학교 파란만장 인생학과 학사와 석사를 이어 박사 과정이라고 할 수 있겠습니다.

착공 210일 차 2023년 1월 27일, 알레그로 마 농 트로포

만 6개월에 걸친 버찌하우스 시공을 거의 마치고 1월은 준공 서류 준비를 하고 있어요. 공사비를 마련하는 입장에서는 너무 빠르고, 시공하는 입장에서는 너무 긴, 현장에 있던 모두에게 혼란스러운 반년이었습니다. 폐축사가 있던 자리를 허물고 땅을 다지고 허가받은 설계 도면상에 필요한 자재들로 집의 형태를 만들어 나가는 과정에서 단 하루도 사람 손이 닿지 않았던 날이 없어요. 그만큼 집 짓는 일은 수많은 사람들의 손과 발이 맞아야 가능합니다.

거기에 서로의 의견을 조율해서 공동의 목표인 완공까지 가닿기 위해 귀는 열고 입에서는 배려의 말이 오가야 해요. 배려의 듣기와 말하기를 위해 그 누구보다 건축주의 마음이 열려 있어야 하고요.

무에서 유를 만들어 내고, 그 '유'가 나만의 것이 아니라 구청의 승인을 받는 '유'가 될 때까지, 즉 등기상에 '실재'하는 건축물이 될 때까지. 보이지 않는 과정 하나하나도 결코 허투루 대해서는 안 된다는 것을 배우는 중입니다.

어제 쉼보르스카의 시선집 《끝과 시작》에서 시의적절한 표현을 만났어요. 악곡의 빠르기를 나타내는 '알레그로 마 농 트로포(allegro ma non troppo)'는 '빠르게 그러나 적당히'라는 표현입니다. 자주 들었던 용어였지만 책 속 글귀로 읽고 곱씹고 쓰는 과정에서 내 삶의 말 그릇에 쏙 담긴 기분이에요.

매일 조급한 마음이 샘솟습니다. 왜 금방 진행이 안 되는 걸까? 방 한 칸을 꽉 채울 정도로 쌓인 책 재고를 언제쯤 옮겨 놓을 수 있을까? 언제쯤 땅이 녹아 정원 만들기를 시작할 수 있을까? 그런 마음이 들 때마다 준공이 될 때까지, 하자 보수까지 할 때까지 결코 이 집은 내 집이 아니라고 생각합니다. 집짓기에 함께 한 모든 분의 집이라고. 시야를 좀 더 넓혀보니 조급함이 줄어들어요. 빨리 시작하고 싶은 마음은 주변을 섬세하게 돌보지 않은 건축주의 이기심이기도 했습니다.

알레그로 마 농 트로포, 빠르게 그러나 적당히. 남은 집짓기 여정에 저를 위로하고 격려해 줄 저만의 주문입니다. 적당히 빠른 한 걸음 한 걸음을 부단히 내딛다 보면 언젠가 책방 문을 열게 되지 않을까요?

착공 221일 차 2023년 2월 7일, 될 때까지 하다 보면 언젠가

건축물의 사용 승인을 위한 현장 검사, 현장 용어로 '특검'이라고 하는 절차를 마쳤습니다. 어제 '내일 특검 나온다고 한다'라는 설계사무소의 갑작스러운 연락을 받았어요. 특별 검사란 사용 승인 절차에 있어 담당 공무원을 대신해 업무 대행하는 설계 감리자가 현장을 마지막으로 확인하는 과정을 말해요. 특검이라는 두 음절의 딱딱한 어감, 인터넷에서 검사

통과한 후기와 그렇지 않은 후기를 훑어보며 24시간 동안 마음이 바싹 쪼그라져 있었어요.

"엄마, 오늘 우리 집 검사 잘 안되면 어떡해?" 현장으로 향하는 차 안에서 꼬마 책방지기가 물었어요.

"태양아, 지금까지 우리 가족이 했던 일들…, 안된 거 있었어? 우리 무조건 잘될 거야!" 뒷자리에 앉아 있던 남편이 웃으며 한마디 거들었어요.

"될 때까지 했으니까. 그니까 우린 될 거야. 걱정 마, 태양아." 아빠의 말에 그동안 버찌네 가족이 가정과 책방을 꾸리기 위해 했던 일이 새록새록 떠올랐어요. 앞으로도 작은 책방이 나누고 싶은 가치를 지키기 위해 될 때까지 하겠지요. 세상이 정한 법칙 대로만 할 거라면 책방을 시작하지도 않았을 거고, 가진 것을 다 팔아도 한참 부족한 집 짓기를 시작하지도 않았을 거고요.

현장에 사 가는 마지막 커피가 될 컵 뚜껑에 'thank you'라고 적었습니다. 그동안 누군가의 노고에 모닝커피로 보답했던 아침 시간이 참 감사했어요. 인사치레에 작은 마음을 보태면 다정한 안부가 될 수 있음을 배웠습니다.

한 시간 가까이 현장 이모저모를 샅샅이 훑어보며 건축주, 시공자, 설계자, 현장 감리자 모두 머리를 맞대고 대화를 나누었어요. 따뜻한 커피가 쌀쌀한 날씨 속에 몸을 녹이고 마음을 여는 데 도움이 된 거 같고요. 현장 검사하는 분으로부터 "요즘 같은 시기에 정말 고생 많으셨네요."라는 위로의 한마디도 듣고 웃으며 헤어졌으니까요.

특검을 무사히 마치고 사용 승인이 날 때까지 이사 준비를 시작하게 되었어요. 오랫동안 기다려주셨는데 벚꽃 피는 봄에는 꼬옥 책방 문을 열어야지요. 새 공간을 찾아올 책벗들에게 '치유와 회복의 문화 공간'이 되길 바랍니다. 여정이 참으로 길었습니다. 배우자의 말처럼 될 때까지 할 테니까 책방은 열게 되겠지요.

착공 237일 차 2023년 2월 23일, 드디어 이사 왔어요

입주를 무사히 마쳤어요. 첫 삽을 뜬 지 236일 만에 우리 가족이 직접 만든 집에서 아침을 맞게 되었습니다.

일 년 넘게 닳도록 읽던 그림책 《두근두근 2424》가 현실이 되었어요. 이사 전날에도 꼬마 책방지기는 주완이네 이사 이야기를 또 한 번 읽으면서 얼마나 질문이 많던지요.

"엄마, 우리도 손 없는 날에 이사하잖아!"

"나도 주완이처럼 내 물건 내가 직접 쌌는데!"

"우리도 떡 돌릴 거야?"

"이 집에 내가 낙서하고 뜯은 벽은 어떻게 해?"

아침 7시, 동네 떡집에서 맞춘 따끈한 시루떡을 들고 이웃들과 인사 나누며 이삿날 아침을 시작했습니다. 온종일 남은 시루떡을 먹고 또 먹어도 질리지 않는 건 기분 탓이겠지요?

마침내 사용 승인을 받았습니다. 아직 지목 변경(농지를 대지로) 등기 및 취득세 납부 후 소유권 획득, 은행 업무, 공사비 납부, 사업자 등록증의 주소 변경 등 처리할 일이 많아요. 그렇지만 큰 고개 하나 넘었다는 것만으로 며칠 동안은 행복할 것 같아요.

SNS를 통해 공유해온 버찌하우스의 정식 이름을 '별빛집'이라고 지었습니다. 태양이와 반려견 별이 우리 아이들 모두 반짝이는 '별'이기도 하고요. 별이 잘 보이는 밤하늘과 마당을 품은 집이라는 뜻에서 순우리말 별빛으로 정했답니다.

버찌책방의 긴 여정을 응원해 준 책벗들 덕분에 마음을 붙들고 나아갈 수 있었습니다. 형체가 없어 찾아갈 수도 없는 책방에 보내주신 마음에 감사드려요. 올봄에는 별빛집 1층에 새롭게 열게 될 버찌책방에서 다 같이 만나고 싶습니다. 외진 마을 골목 끝자락에 있는 작은 책방을 찾아주시는 모든 분을 꼭 안아드리고 싶어요.

2부

별빛집에
살아요

씨앗 심는 날에
문 열었어요

호미를 새로 장만했다. 삽이랑 모종삽만으로 정원을 가꾼다는 게 턱없이 부족하다는 걸 힘이 탈탈 털리는 경험을 하고 나서야 알게 되었다. 몇 번의 스냅만으로 돌을 착착 골라내는 호미의 기막힌 성능에 쉴 새 없이 감탄했다. 별빛집 입주 이후 마주하는 일이 모두 생애 첫 경험이다.

남편이 퇴근하고 난 뒤 식구 모두 책방 마당으로 내려갔다. 마당 한쪽에 전용 정원을 만든 꼬마 책방지기는 자기 팔길이쯤 되는 수국을 직접 심었다. 남편은 포도나무의 자리를 잡았다. 가지가 뻗은 모양, 나무의 크기를 고려해서 자리를 고르다 보니 작은 마당도 크게 느껴진다. 돌이 많은 동네(이름도 '반석')인 만큼 자리를 정하고 난 뒤 돌을 골라내고 땅을 충분히 깊숙이 파내는 데까지 한참 걸렸다. 호미질 두세 번에 감자만 한 돌덩이가 하나씩 나온다.

밤 아홉 시까지 정원 가꾸는 일은 계속되었다. 열매나 꽃을 금방 보기는 어렵겠지만 어린 나무들이 무럭무럭 자라나서 계절의 변화를 잎과 꽃, 열매로 알려주게 될 책방의 몇 년 뒤 모습을 그려보았다. 낯선 땅에 잘 적응하길 바라는 마음으로 물도 흠뻑 주었다.

오랜 시간 동안 쭈그려 앉아 정원 일을 하다 보면 팔과 다리, 허리가 아프지만 이상하게 마음은 배부르다. 아직 비어 있는 자리에 어떤 식물 식구를 데려와 심을 수 있을지, 틈틈이 정원 생각으로 즐겁다. 나무와 흙, 바람과 햇살, 책방이 품은 자연이 주는 에너지 덕분일까? 버찌네 가족의 삶이 뿌리를 내릴 땅을 호미질로 섬세하게 돌보는 시간이 꿈만 같다.

2년 가까이 신축 공사 과정 소식을 인스타그램에 꾸준히 올렸다. 피드에는 책방에서 손님을 만나고 싶은 간절함이 묻어났다. 쉽지 않은 시공 일정에 지치지 않으려고 부단히 살아냈던 지난 시간이 흩어지지 않았으면 하는 나의 강박적인 열심은 오픈 막바지에 이르러 부담으로 돌아오기도 했다.

2월 중순, 별빛집으로 이사 오고 나서 책방 오픈을 최우선 순위로 두었다. 모든 것이 불명확한 시기, 확실히 알 수 있는 거라곤 오늘의 작은 선택과 행동뿐이었다. 비가 그치고 나타날 맑은 하늘과 무지개를 기다리는 마음으로, 그 무지개가 신기루에 그치지 않도록 책방의 구체적인 모습을 만드는 3월을 보냈다.

그동안 책방의 책을 '책씨앗'이라고 부르던 데서 아이디어를 얻어 책방 오픈 이벤트로 디자인 스튜디오와 함께 준비한 선물은 레몬밤 씨앗이었다. 레몬밤의 꽃말은 '위로, 애정'이다. 애정의 공간, 위로의 공간이 되겠다는 다짐이자 바람이 담긴 선물이었다. 리브랜딩 작업을 맡아준 디자이너들이 '레몬밤' 씨앗을 일일이 봉투에 담아 정성껏 포장해 주었다.

시작일은 식목일로 정했다. 씨앗과 미니 포트를 나누는 행위가 책씨앗을 책방 손님들 마음 밭에 심는 날이라는 상징적인 이벤트가 되길 바랐다. 리브랜딩 미팅에서 디자인 스튜디오로부터 버찌책방이라는 공간과 사람을 표현한 문구는 '흐르는 이야기를 읽고 기록하는', '씨앗을 심고 나무를 돌보고 열매를 키워내는', '어린 나무의 눈을 털어주는'이었다. 이 문구가 담긴 책갈피도 만들었다. 커다란 상자에 담긴 씨앗 봉투와 포트, 책갈피를 건네받는 순간 심장이 터질 것처럼 마구 두근대기 시작했다. 과연 혼자서 오픈 준비했더라면 아이디어를 구체적인 작업과 결과물로 해낼 수 있었을까? 오픈 이틀 전까지 구색을 갖추지 못한 채 텅 빈 카운터 위에 씨앗 키트를 하나하나 올려놓았다.

가오픈을 앞두고 공지 글을 한 줄 한 줄 써내려 가면서 심장은 또 한 번 나대기 시작했다. 다시 읽어봐도 그때의 감흥이 새록새록 떠오른다.

책벗님들 안녕하세요? 책방지기 버찌입니다.

2021년 10월 말, 책방 첫 번째 공간에서 영업을 종료하고 18개월 만에 드디어 재오픈 소식을 전합니다.

책방지기에게 1년 반이라는 시간은 왜 내가 책으로 사람들을 만나고 싶은지, 왜 책을 팔고 싶은지 끊임없이 되묻는 '질문'의 시간이었습니다. 공백을 메우기 위해 마음이 움직이면 결과는 따지지 않고 작은 행동으로라도 옮겼던 '경험'의 시간이었습니다. '오래오래 하고 싶다', '책이 좋고 사람이 좋다' 1년 반 동안 책방을 향한 제 마음을 거듭 확인했던 '발견'의 시간이기도 했답니다.

그동안 차곡차곡 모은 길 위에서의 시간은 새 버찌 열매가 품은 단단한 씨앗이 되었고, 다음 주 4월 5일 목요일 오전 10시부터 새 공간에서 새 책씨앗을 나눌 수 있게 되었습니다.

그렇습니다. 나무를 심는 날이자 하늘이 맑아지고 봄 밭갈이를 시작한다는 절기 '청명'인 4월 5일에 두 번째 시즌을 시작합니다!

꼬마 책방지기는 언제 와요?

두 번째 시즌을 시작한 뒤로 주말에도 문을 열었다. 다른 동네, 다른 지역에서 찾아오는 손님이 늘어나 토요일, 일요일 영업이 불가피했다. 모임이 없는 평일에는 열 권도 팔기 쉽지 않은 구석진 곳의 작은 책방이 자리를 잡기 위한 결정이었다. 주말을 꼬박 책방을 지키고 있다 보니 아직 엄마의 손길이 필요한 아홉 살 아이도 책방에 머무는 시간이 늘어났다.

"엄마 나도 앞치마 만들어 줘." 어느 날 주말 영업을 마치고 나서 아이가 말했다.

"왜? 무슨 앞치마?"

"주말에 나도 엄마랑 같이 일했잖아. 책방에서 일하려면 필요해."

"그래? 책방에서 정말 일할 거야?"

"응, (왼쪽 가슴 방향을 손으로 가리키며) 여기에 이름도 넣어 줘. '책방지기 태양'이라고."

아이의 당당하고 정확한 요구에 엄마는 거절은커녕 망설일 새 없이 앞치마를 주문했다. 엄마 따라 책방을 지킨 지 4년 반, 아이는 스스로 '꼬마 책방지기'라고 부른다. 아이에게도 학교와 집 밖에서 부캐, 사회적 역할이 생겼다. '꼬마 책방지기'는 엄마의 가게가 아닌 가족이 함께하는 가게가 되길 바라는 마음에 책방을 시작하며 지은 별칭이다. 아이가 좋아하는 그림책 목록 8할 이상이 그림책 주문에 영향을 주었으니, 아이도 책방의 큐레이션에 참여해 온 셈이다.

종종 엄마와 함께 책방을 지키는 주말 동안 서가에서 마음에 드는 책을 발견하면 전면 진열 칸으로 옮겨 놓고는 종이 아까운 줄 모르고 능숙하게 책갈피 하나를 '툭' 꺼내 '꼬마 책방지기 추천 도서'라고 '쓱' 적어 마스킹 테이프로 '착' 붙인다.

꼬마 책방지기의 그림책 고르는 눈은 꽤 높다. 좋아하는 그림 스타일, 적당한 양의 글, 스토리 속 유머 코드, 캐릭터의 매력 등 꼬마 책방지기의 까다로운 기준을 통과하는 그림책은 신간 구간 관계없이 어린이 손님 사이에 인기가 많다. 어른은 모르는 어린이의 취향 공유가 책방에서 이뤄지고 있다. 어른 손님도 아이 손 글씨로 적혀있는 '추천 도서' 코너를 흥미롭게 들여다본다. 그렇게 '꼬마 책방지기 추천 도서'라는 수식어가 어린이책 판매에 꽤 큰 영향을 미치게 되었다.

주문한 지 일주일 만에 꼬마 책방지기 전용 앞치마가 도착했다. 도톰한 면 재질에 가죽 장식이 여기저기 덧대어진 디자인에 '책방지기 태양'이라고 자수가 새겨있다. 자리가 사람을 만든다고, 아이는 심심하다 싶으면 앞치마를 입고 카운터 안으로 들어간다. 앞치마 주머니에 좋아하는 펜과 메모지를 꽂는다(어디서 본 건 있어서). 제법 진지한 표정으로 책장을 살핀다. 자기 없는 사이에 어떤 책이 왔나, 책방에 달라진 점은 없나, 틀린 그림 찾기 하듯 공간을 훑는 눈에 에너지가 가득하다. 책 택배가 오면 나보다 먼저 상자를 열어보려고 난리다. 기분 좋은 날엔 책방에서 음료 서빙을 한다. 책방 바닥이 지저분하다 싶으면 버럭 화를 내며 (엄마를 혼 내면서) 청소기를 돌리는 때도 있다. 아홉 살 아이에게 의젓한 예비 사회인 연습을 시켜주는 요술 앞치마.

학교 밖에서 연산을 배워본 적 없는 아이는 책방 카운터에서 숫자와 덧셈의 감을 익히는 중이다. 일의 자리, 십의 자리, 백의 자리 숫자를 띄엄띄엄 겨우 읽던 초등학교 2학년 아이는 책 뒷면에 적힌 책값을 읽다가 어느새 만 단위를 자연스럽게 읽게 되었다. 카드 단말기에 있는 계산기 기능은 나보다 빨리 익혔다. 엄마가 손님이 고른 책에 책방 스탬프를 찍는 동안 꼬마 책방지기는 결제를 맡기 시작했다. 느리지만 아이 스스로 해결하려는 모습에 손님들도 인내심을 갖고 카운터 앞에서 기다려주니 고마울 따름이다. 영수증은 필요 없다는 의례적인 반응이 무색하게 꼬마 책방지기는 카드를 돌려주며 "영수증 필요하신가요?"라고 한결같이 묻는다. "책 사주셔서 감사합니다. 많이 많이 와주세요! \(^.^)/ - 꼬마 책방지기 태양" 영수증 하단에 꼬마 책방지기의 귀여운 문구가 있기 때문이다. 엄마도 모르는 단말기 기능을 찾아 영수증에 손님을 향한 메시지를 적을 생각은 어디서 나온 것일까?

'서당 개 삼 년이면 풍월을 읊는다'라고 엄마 어깨 너머로 책방 일을 보며 자란 아이는 책방이라면 자고로 책을 팔아야 한다는 사실도 깨달았다. 아이에게 엄마 손길이 필요한 시기가 엄마에게 아이의 손길이 필요한 시기와 겹치는 날이 오다니!

'결제는 선불', '펜 테스트 금지'. 카운터에 아이가 적어놓은 안내 문구를 보며 피식 웃었다. 상업적 공간에 대한 기본 예의를 이해하고 있으니 놀랍다. 책방이라는 세계 안에서 나는 아이를 내 자식이 아니라 꼬마 책방지기로 인정하고 대우하게 되었다.

책방을 하면서 아이를 맡겨 본 적이 드물었다. 양가의 도움은 전혀 받을 수 없었고, 공동 양육자인 남편은 오랫동안 정신과 치료를 받던 상황이었다. 학교에서 돌아온 아이는 언제나 나와 함께 책방에 있었고, 공간 한편에는 아이를 위한 장난감과 그림책이 준비되어 있었다. 유치원 다니던 3년 내내 아이가 내 곁에서 신발을 편히 벗어본 적이 없다는 사실에 오랫동안 미안한 마음을 떨쳐내기 힘들었다. '고맙고 미안해'가 잠들기 전 아이 귓가에 속삭이는 후렴구였다. 아이를 돌보는 일에 실패감과 죄책감을 느끼던 나에게 한 손님이 남긴 방명록이 큰 위로가 되었다.

"태양이가 부럽더라고요. 제가 버찌책방에 들어왔을 때 태양이는 책을 읽고 있었어요. 저도 유치원, 초등학교 다닐 때 책 읽는 걸 정말 좋아했는데 주변에 같이 책을 읽는 사람이 없었어요. 그래서 어릴 땐 부모님이 책을 읽어줬으면 좋겠다고 생각했어요. 태양이는 '책수저'인 거잖아요. 이렇게 책이 가득한 곳에서 사는 태양이가 부러워요."

가끔 아이가 나에게 "엄마는 책방이 중요해? 내가 중요해?"라고 묻곤 한다. "태양이가 제일 중요하지." 망설임 없이 대답했으나 가슴 속에서는 미처 입 밖으로 꺼내지 못 한 말이 맴돌았다. '그야 물론 태양이가 제일 중요하지만, 그렇다고 책방이 중요하지 않은 건 아냐. 우리가 함께하는 삶을 유지하려면 책방도 잘 지켜내야 하거든' 아이는 엄마의 속마음을 훤히 알고 있다는 듯 엄마의 대답에 시큰둥한 반응을 보였다.

"주말에 눈떴을 때 엄마가 내 곁에 있었으면 좋겠어. 아침부터 맨날 책방에 가 있잖아. 나는 엄마랑 누워있고 싶다구."

"아빠 말고 엄마랑 자전거 타고 싶어. 오늘은 엄마가 책방 안 했으면 좋겠어."

손이 많이 가는 책방에 몸과 마음이 가 있는 엄마가 줄 수 있는 사랑은 아이에게 늘 부족한 것만 같다. 그렇지만 책을 좋아하고, 책이 좋아 책방을 하는 엄마를 둔 아이가 살아갈 환경이라고 받아들이기로 했다. 엄마가 온전히 채워주지 못하는 정서적 욕구를 아이는 책방이라는 작은 사회 안에서 다른 방식으로 충족하고 있으니까. "오늘은 꼬마 책방지기 어딨어요?", "태양이 형아는요?", "태양이는 언제 와요?"라며 아이를 찾는 손님이 생길 정도니까.

이만하면 책방지기 엄마가 물려줄 수 있는 가장 큰 유산이 '책수저'가 아니고 무엇이겠는가.

보들레르를
프랑스어로 읽는다면

"혹시 프랑스 관련 책이 많은 특별한 이유가 있나요?"

서가를 한참 보던 손님이 물었다. '프랑스' 책방에 입고 되는 수많은 책과 책방 일에 파묻혀 사는 일상에서 정말 오랜만에 듣는 말이었다. 예상 밖의 질문이 가슴을 훅 파고들었다. 프랑스는 한때 나의 전부였고 모든 것을 정리하고 훌쩍 떠나고 싶은 곳이었다. 여전히 그리운 곳이다. 불현듯 과거의 나를, 동시에 오늘의 내가 되기까지 켜켜이 쌓인 시간이 파노라마처럼 펼쳐졌다. 손님의 관심 어린 질문이 새삼 반가웠다. 마치 프랑수아즈 사강의 소설 《브람스를 좋아하세요…》에서 시몽이 사랑하는 여인 폴의 마음을 일렁이게 했던 질문처럼. 책방지기님, 당신의 취향을 알고 싶어졌어요. 무엇을 좋아하시나요?

"네, 사실은 프랑스어를 할 줄 압니다."라고 자신 있게 대답하고 싶지만 망설여진다. 책이 생계가 될수록, 좋아하는 책과 팔리는 책 사이에서 오락가락할수록 관심도, 언어 감각도 희미해졌다. 프랑스어로 대화할 사람이 없어 책장에 꽂혀 있는 아무 원서나 빼서 무작정 펼쳐 소리 내서 읽었던 나, 한국어로 정확히 적을 수 없는 모호한 발음을 사랑했던 나, 심지어 프랑스 와인 라벨에 지역 이름만 읽어도 가슴이 뛰던 나였는데. 졸업 후 프랑스어를 활용할 수 있는 진로를 진지하게 고민하기도 했다. 프랑스어와 문학을 계속 배우고 싶었으나 당시 벌이에 대한 욕심 때문에 우선순위에서 밀려난 채 점점 멀어져 갔다. 배움의 기회를 잃었다는 상실감은 프랑스어를 향한 집착으로 남았다.

열렬히 좋아하는 마음을 한쪽에 두고 5년 동안 서가를 채웠다. 다양한 장르의 수많은 책이 책방을 떠나갔어도 프랑스 작가들의 소설과 프랑스에 관한 이야기는 변함없이 그 자리를 차지하고 있다. 판매 여부와 상관없이 절대 잃고 싶지 않은 책방지기의 취향이자 영혼의 비상구이다. 표지에 적힌 이름만 보아도 설레게 만드는 프랑수아즈 사강, 마르그리트 뒤라스, 아니 에르노, 크리스티앙 보뱅, 파리를 배경으로 한 헤밍웨이의 《파리는 축제》와 《태양은 다시 떠오른다》, 보들레르의 시집과 플로베르의 소설 그리고 프랑스 그림책 번역서까지. 보유한 서적 중 프랑스 관련한 책이 4분의 1을 차지할 정도니, 프랑스와 프랑스어에 대한 지독한 갈망이 서가를 둘

러보는 손님에게도 느껴졌나 보다.

책방에서 삼삼오오 모여서 함께 읽은 첫 프랑스 그림책은 《Le Chien Bleu》('르 쉬앙 블뤼'라고 읽는다)였다. 잦은 만남으로 편안한, 무슨 이야기든 들을 준비가 되어 있는 사이지만 그들 앞에서 제2의 언어를 소리 내어 읽는 건 수월하지 않았다. 호기심과 기대를 안고 모여든 벗들에게 최대한 현지 언어의 리듬과 뉘앙스를 전달하려 했지만, 그림책을 펼치고 목소리를 낼 때마다 심장 박동이 빨라지고 얼굴이 달아올랐다. 고민할 틈도 없이 '파란 개'로 옮겼던 프랑스 그림책이 《푸른 개》라는 깊은 제목으로 아주 오래전 국내에 출간되었다는 걸 알았을 때 얼마나 나 자신이 우습고 귀여웠던지. '블뤼(bleu)'라는 프랑스어를 우리말로 옮길 때 '파란색' 단 하나의 낱말이 전부라고 생각했던 나의 얕은 언어 감각에 탄식했다. '파란'과 '푸른'의 충격적 차이는 책의 빛깔과 목소리를 듣는 마음의 눈과 귀를 더 활짝 열도록 자극했다. 단순한 단어 하나도 가벼이 넘어가지 않는 번역가의 정성스러운 마음을 조금이나마 이해했다.

올해 초, 김민정 시인 곁에 나란히 앉아 보들레르의 시집 《악의 꽃》 시 원문을 낭독하는 기회가 생겼다. 어디서부터 어떻게 읽어야 할지 몰라 한 달 가까이 쩔쩔매다가 행사에서 꼭 읽었으면 하는 보들레르의 시 몇 편을 추천해 달라고 부탁을 드렸다. 수록된 시의 양이 방대하기도 했고 기대를 안고 북토크에 찾아온 이들을 실망하게 하고 싶지 않았다. 번역본 외에 보들레르의 삶을 담은 다른 책들도 찾아 틈나는 대로 읽었다. 생의 마지막까지 보들레르의 언어를 적확한 우리말로 옮기려고 애쓴 황현산 번역가의 마음을 감히 헤아리면서 짧은 생 내내 소중한 이들에게 자신의 안부를 전한 보들레르의 편지 글을 읽었다. '파랑'과 '푸른'의 섬세한 차이를 떠올리면서 우리말과 보들레르의 나라말 사이를 오가며 아름다운 프랑스어의 숲에서 두 달을 정처 없이 거닐었다. 지금은 쓰지 않는 고어, 결코 익숙해질 리 없는 문어를 서툰 발음으로 수없이 읽었다. 특히 '가난뱅이들의 죽음(La Mort Des Pauvres)'을 여러 번 읽는 동안 '죽음'을 초연하게 기다리면서 겸허하면서도 담대히 하루를 살아갔을 19세기 프랑스 서민의 삶이 절로 그려졌다. 아무리 애를 써도 가난 속 고난이 끝날 줄 모르는 시시포스 같은 삶의 절망과 슬픔에서 자신을 구하는 방법은 유일한 희망인 죽음을 기다리는 것뿐.

행사 당일 저녁, 김민정 시인 곁에서 보들레르의 시를 무사히 낭독했다. 귀 기울여 듣는 사람들의 따뜻한 눈빛과 상냥한 몸짓을 마주한 채 프랑스어 시를 낭독하는 경험은 경이로웠다. 그 어떤 행사보다 더 떨렸지만 즐거웠고, 벅찬 순간이었다. 내가 나를 한 뼘 키우는 뿌듯함은 말로 표현할 수 없다.

배울 수 있는 시간은 많으니 애매한 재능을 향한 마음만 잃지 않으면 된다.

프랑스어에 대해 변하지 않은 마음으로 원문을 소리 내서 읽는 것만큼은 꾸준히 하고 있다. 부족한 실력이지만 그럴듯하게 읽는 뻔뻔함까지 생겼다. 비록 프랑스어로 무엇이 되지 못할지라도 서투른 나의 프랑스어 낭독도 애정 어린 마음으로 들어주는 책방 친구들이 있는 한, 프랑스를 향한 꿈을 계속 꾸면서 살 수 있을 것 같다. 앞으로 프랑스어 소리 내어 읽기가 소중한 취미로 남았으면 좋겠다.

별빛집에 사는
강아지 책방지기 별이

 새 식구가 생겼다. 태어난 지 50여 일, 온몸에 우윳빛 털이 가득한 2.8킬로그램의 진도 믹스견을 품에 꼭 안았다. 사람 아기 몸무게와 비슷한 털북숭이와 집으로 왔던 날, 출산 후 아이를 처음 안았을 때 느꼈던 비슷한 전율을 느꼈다. 작은 생명이 내뿜는 부드러운 온기와 고스란히 전해지는 심장 박동은 신선한 감동이었다.

 별이는 2022년 겨울, 제주 여행길에서 만났다. 오일장에 과일을 사러 갔던 날 아이가 종이 상자 안에 있던 강아지를 발견했다. '무료 분양'이라는 글씨가 적힌 상자에는 다섯 마리의 강아지가 바짝 웅크려서 서로에게 의지한 채 낯선 환경을 버텨내고 있었다. 사람들은 강아지를 들었다가 놓이기를 반복했다. 종이봉투에 담겨 한 마리씩 떠나는 광경을 멀찍감치 바라보며 아이는 발을 동동 굴렸다. 처음 보는 우리의 손을 사정없이 핥던 강아지의 갈색 이마에는 하얀 털로 하트 무늬가 있었다. 선택받지 못하고 상자에 남겨진 강아지에 유난히 마음이 갔다. 무엇에 홀린 듯 장터를 스무 번쯤 돌며 고민했을까? 결국 책방지기 가족의 막내로 하트 이마 강아지를 품기로 덜컥 결정했다.

"태양아, 이름은 어떻게 할까?"

"글쎄…?"

"태양이 동생이니까, 태양 옆에 떠 있는 하늘의 별 어때? 태양과 별. 형제 같잖아."

"그래, 좋아!"

이름은 '별이'. 급히 택시를 타고 별이를 분양한 제주 가족이 사는 귤밭 마을로 가는 동안 이름도 지었다. 반려동물을 키우느냐 마느냐 1년 넘게 한 고민을 30분 만에 정리하게 된 운명적인 순간이었다.

50일 된 아기 별이는 감귤밭 옆 작은 시골집 마당에서 도시 아파트로 이사 와 무난히 적응했다. 야외 시멘트 바닥과 케이지에서 생활하던 아기가 마룻바닥 생활을 하게 된 것이다. 별이가 적응하는 동안 우리 가족도 반려 생활에 적응하는 시간을 가졌다. 울타리가 필요한 자리, 강아지 밥그릇과 배변 패드가 놓일 자리, 산책 가능한 시간, 동물병원 정기 검진 시기 등. 집 안팎에서의 생활은 어린 비인간 동물의 눈높이에 맞게 조정해야 했고, 그 변화를 기꺼이 받아들여야 함께 살아갈 수 있었다. 소중한 존재를 위해 우리 삶의 일부를 정리하고 자리를 마련하는 노력이 필요했지만, 가정에 생기가 돌았다. 같은 공간에서 각자의 시간을 보내던 가족은 어디서든 동그랗게 모여 별이에 관한 대화를 나누게 되었다. 새 가족 구성원의 등장으로 새로운 공동의 시간, 공동의 공간이 생겼다.

도시 소음이 들어올 틈 하나 없는 고요한 새벽, 메리 올리버의 《개를 위한 노래(Dog Songs)》라는 시집을 읽고 있다. 우리집 막내 별이는 웅크리고 자다가도 자그마한 소리에 고개를 들고 조용히 나를 바라본다. 반려동물에 관한 책을 읽으며 알 수 없었던 세상에 대해 눈뜨기 시작한다. 별이는 책방지기 엄마의 독서 영역도 새로운 방향으로 활짝 열어주었다.

살아있는 존재와 존재 사이, 인간의 언어가 아닌 눈빛을 주고받는 다정한 경험을 해본다. 반려동물을 통해 새로운 관계, 다른 차원의 사랑을 배운다. 의자 밑에서 나를 바라보는 두 눈은 맑기만 하다.

별이가 첫 번째 생일을 맞았을 즈음, 젤리 같았던 핑크빛 발바닥은 어느새 새까맣고 단단하게 자랐다. 자기 이름과 가족, 반갑게 맞아주는 이웃을 기억하고 구별하며 인간 사회에 적응하며 첫 일 년을 보냈다. 보고 맡고 듣고 물고 씹고 핥고 뒹굴고 달리고 싶은 본능을 마음껏 즐길 수 있는 산책 시간을 온종일 기다린다. 내가 주섬주섬 옷을 챙겨입기 시작하면 시

선을 고정하고 귀를 쫑긋 세운다. 뜨거운 눈동자는 무언의 질문을 건넨다. '엄마, 나도 데려갈 거죠?'

어느덧 반려견 별이와 사계절을 길 위에서 보냈다. 내 곁에서 세상을 탐색하는데 온몸을 던지는 반려견의 움직임에서 지금까지 알던 계절과 전혀 다른 계절이 나를 자극한다. 개와 함께 나서는 산책 시간은 세상의 셈법에 좌우되지 않고 묵묵히 발걸음을 옮기는 수행의 시간인 것 같다.

김훈의 소설 《개》는 주인공 보리의 관점에서 시골에 사는 진돗개의 삶을 이야기한다. 보리는 반려인의 삶이라는 새로운 세상에 눈뜨게 된 나에게 세상을 받아들이는 태도를 보여줬다.

이 세상을 향해 개들처럼 콧구멍과 귓구멍을 활짝 열어놓고 있으면 맘속에서 신바람은 저절로 일어난다. (…) 온몸의 구멍을 활짝 열어놓고 있으면, 그리고 세상을 끝없이 두리번거리고 또 노려보고 있으면 귓구멍과 콧구멍 속으로 들어오는 이 세상의 냄새와 소리와 빛깔이 너무나도 신기하고 기쁘고 또 두렵고 낯설고 새롭다.

제 어미보다 다리 길이가 한참 짧게 태어난 우리 집 믹스견의 거침없는 몸짓을 보며 생각한다. 개의 발걸음처럼, 개의

포근함처럼, 작은 시작도 사랑하자고. 그리고 보잘것없어 보이는 작디작은 것도 가볍게 대하지 말자고. 모든 존재는 저마다의 생의 무게를 품고 있으니까. 개에게 배운 점이 참 많다.

다정하다 못해 오지랖이 넓은 별이는 자연스럽게 책방의 강아지가 되었다. 농담 삼아 '버찌책방의 영업 사원, 개과장님'이라고 부른다. 손님들은 가족의 안부와 함께 별이의 안부도 묻는다. 별이는 어딨나요, 별이 많이 컸겠어요, 별이는 지금 뭐해요 등. 종종 책방에 책 재고가 아닌 강아지 문의 전화를 받기도 한다.

"오늘 가면 강아지 볼 수 있나요?"

별이는 워낙 활발하고 사람을 잘 따라서 책방에 있으면 잠시도 가만히 있지 못한다. 오는 사람마다 환대하느라 바쁘고 사방에서 별이를 예뻐하니 책방이 금세 소란스러워진다. 가끔은 괜찮지만 매일 출근하기는 어렵다.

"오늘 별이 산책했어요?"

진돗개를 키우는 책 친구 와작와작 님이 오면 종종 묻는다.

"아니요, 아직…"

"별이 내려올 수 있으면 잠깐 산책시켜 줄게요."

별이는 꼬리를 신나게 흔들며 뒤도 안 돌아보고 와작와작 님과 함께 동네 산책을 나선다. 별이가 산책하러 나서는 타이밍에 책방에 어린이들이 있는 날은 다 같이 동네를 산책하는 게릴라 이벤트가 된다.

관심과 사랑이 결속감을 키운다. 결속에서 오는 안정감은 자연스럽게 또 다른 형태의 관심과 사랑, 세상을 향한 다정함을 낳는다. 웅덩이에 일어난 작은 파문처럼, 그 다정한 마음이 전달되고 또 전달되며 정적인 공간에 활력이 돈다. 인간과 비인간 동물의 공존, 책으로 엮인 마음으로 작은 책방이 따뜻하게 물들어 간다.

오늘은
돌고래 책방지기가 지킵니다

"내가 해볼게. 다녀와."

책방을 시작한 지 5년째 되던 어느 날, 책방을 대신 지키겠다는 말 한마디에 몇 년 동안 팽팽한 고무줄처럼 바짝 긴장했던 승모근이 탁 풀어지는 느낌이었다. 낯을 가리고, 말주변도 없는 중년 남성이 책방 카운터를 지키게 되기까지 참 멀리 돌아온 것 같다. 5년이라는 정신건강의학과 치료 기간은 과거형이 되었다. 드디어 남편에게 돌봄의 마음이 생겼다.

독서 모임에서 만나 끝없는 책 수다를 나누던 사람이 남편이 되었다. 남편은 아빠가 되고 나서 중증 불안 장애 진단을 받고 치료를 받았다. 남편이 매일 복용한 약은 평균 열 알 가까이 되었다. 수많은 의사와 상담사가 우리 가족을 거쳐 갔고, 심리 상담과 치료는 언제나 관심 레이더의 한가운데 있었다. 치료 중인 배우자, 병명과 약 봉투와 함께 살아온 5년은 인내의 시간이었다. 치료 초반 '내 결혼 생활은 왜 평범하지 못한 걸까'라는 자책으로 나를 적잖이 괴롭혔다.

자신도 모르게 가까운 이들에게 투사하는 분노와 불안, 우울이라는 감정의 화살을 피할 방법을 찾아야 했다. 언제 끝날지 모르는 긴긴 터널을 통과하며 한 줄기 빛을 보기 위해 작은 틈이라도 내려고 몸부림쳤다. 그 몸부림의 하나가 바로 '책방'이었다.

책과 책을 좋아하는 사람들을 만날 수 있는 10평도 안 되는 작은 책방에서 가족의 미래를 긍정하기 시작했다. 마음의 혼돈과 고통을 겪으면서도 좋은 아빠가 되기 위해 노력을 멈추지 않는 남편, 밝은 기질과 너른 마음을 가진 아이, 하루하루를 지탱하게 만드는 문장 그리고 응원하는 사람들 덕분에 책방을 포기하지 않고 지킬 수 있었다. 오늘치 아픔을 마주하면서도 주어진 하루를 살아가는 힘을 얻었다.

남편이 새로운 약에 적응하거나 불안과 무기력의 늪 한가운데에 있는 동안 나 역시 마음의 겨울 숲에서 추위와 적막감에 떨었다. 제일 가까운 사람이지만 너무나 멀게 느껴졌다. 마음을 헤아리기 힘들어 체한 것 같은 기분과 야속한 심정으로 살았다. 한편으론 남편을 바라보며 도와줄 수 없어 안타까웠다. 그저 귀 기울여 들어주기, 곁에 있어 주기가 보호자로서 최선의 돌봄이었다.

끝나지 않을 것 같았던 남편의 치료는 별빛집으로 이사 온

후 마무리되었다. 남편은 새 책방을 도와서 은행 대출이자를 같이 갚아야겠다는 마음이 '절로' 생겼다고 했다. 자기 자신조차 이해할 수 없어 길길이 날뛰거나 싸늘하게 마음을 닫던 감정의 고삐를 손에 쥐게 된 것이다. 불안과 강박이라는 감정의 면면을 마주하며 더 이상 숨거나 피하지 않는다. 대신 나와 함께 책방에 출근하거나 반려동물과 시간을 보낸다. 이제 보이지 않는 밤바다의 일렁이는 파도 같은 마음을 스스로 다스릴 줄 안다. 책방에서 사용할 닉네임도 지었다. 관계 지향적인 해양 포유류 '돌고래'는 넓고 푸른 바다를 무리지어 헤엄치는 돌고래를 동경해서 지었다. 손님들에게 '돌고래 님'이라는 호칭을 듣는 일이 꽤 자연스럽다. 자기 조절력이 조금씩 회복되면서 5일은 김 차장, 2일은 돌고래 책방지기로 살아간다.

공간을 혼자 지키던 초반에는 연락이 자주 왔다. 제품 가격, 책 재고를 묻는 데서부터 책을 거칠게 다루거나 사진만 찍는 손님을 응대하는 방법까지, 5년 동안 아내가 꾸리는 책방의 현실을 그제서야 체감하게 된 것이다. "오늘은 돌고래 책방지기가 지킵니다."라는 인스타그램 오픈 멘트와 책 사진 예쁘게 찍는 법 등을 전수 받더니 자기 스타일까지 생겼다. 책방을 맡는 날은 더 이상 '간섭'하지 말라고 으름장을 놓기까지 책방지기로서의 자부심도 보여준다.

어느 날은 마감을 끝내고 어땠냐고 묻는 문자를 보냈더니

'글로 적어볼게'라는 답장을 받았다. 아내 대신 책방을 지키는 돌고래 씨의 마음을 읽으니 뭉클하다. 말보다 글이 편한 내향형 인간이 줄 수 있는 감동 포인트. 자주 있는 일이 아니라 있을 때 잘 받아두어야 한다.

"부단히 벌어서 이자 내야죠."
지난 주말에 방문한 손님이 주말에도 수고롭게 일하는 제게 건넨 말씀에 대답했습니다. 대출이자를 내야 하지요. 한 달이라는 시간의 수레바퀴 때문에 마음을 놓을 수가 없습니다. 연체하지 않고 동쪽 담을 헐어서 서쪽 담을 쌓더라도 납부해야 합니다. 그래서 아내가 관내 행사로 자리를 비운 사이 책방을 지키게 되었습니다.
짧으면 4시간 길게는 6시간을 마냥 손님을 기다려야 하는 때도 있으므로 책을 챙깁니다. 좋아하는 피아노 연주곡을 틀어놓고 틈틈이 《곰브리치 세계사》를 읽었고 오늘 완독했습니다. 커피 한 잔을 두고 음악을 듣노라면 마치 대학생 시절 도서관에서 책에 빠져 있던 때처럼 행복합니다. 손님이 함께 있다면 행복이 배가 됩니다. 같은 시공간에서 '책 한 잔 커피 한 권'을 누린다는 사실만으로도 책방을 지킨 보람이 있습니다.
"엄마랑 여행 가고 싶어." 아들은 엄마에게 조릅니다. 주말 내내 책방을 지켜야 하는 엄마와 함께 시간을 보내지 못한 지 5

년째입니다. 여느 아이들처럼 엄마와 추억을 쌓고 싶은 것이지요. 아들이 엄마와 밖에 나가 놀게 해주고 싶었습니다. 가을 하늘 쳐다보고 내 사랑 둘이 즐거웠으면 좋겠습니다.

느지막하게 일어나 책 한 권 챙겨서 돌고래 씨와 산책을 나선다. 동네 카페의 창가 자리에 마주 앉는다. 함께 있지만 책은 따로 읽으며 시간을 보낸다. 읽다가 나누고 싶은 대화 거리가 생기면 살며시 상대의 표정을 살펴본 후 말을 건다. 어제 행사에서 느꼈던 점, 지금 읽고 있는 책과 문장에 대한 단상, 오늘 모닝커피의 맛, 양육에 대한 고민, 책방 매출에 대한 걱정과 이번 달 아이디어 등. 책은 남편과 나 사이에 적당한 거리를 유지하면서 소통할 수 있는, 가족의 역할을 벗어나 온전히 책을 좋아하는 사람 대 사람으로서 영혼을 잇는 '다리'가 되어 준다. '요즘 뭐 읽어?', '그 책 읽어보니 어때?' 상대를 존중하는 우리만의 안부 인사다. 아빠, 엄마, 아내, 남편, 이런 역할은 내려놓고 순전히 책을 좋아하는 사람 대 사람으로 대화를 하자는 신호다.

책을 읽는 한, 책방을 하는 동안 서로의 사정을 잘 아는 사업 파트너로 기댈 수 있을 테니 지금으로서는 책방을 오래 하는 것이 우리 부부 관계를 유지하는 가장 확실한 비결이 아닐까 싶다.

나를 돌보는
행간과 여백

정기 휴무일에 모르는 번호로 전화가 왔다.

"오늘 책방 여나요?"

"아, 아니요. 오늘은 책방 쉬는 날입니다."

"아…, 휴무일 확인을 깜빡하고 그냥 왔는데요. 오늘 혹시 잠깐이라도 열지는 않으시겠죠?"

수화기 너머로 들려오는 목소리에 아쉬움이 묻어났다. 집에서 쉬고 있던 나는 잠시 고민한다.

"죄송하지만 정기 휴무일인 데다 책방에 지금 갈 상황은 아니라서요. 찾아주셔서 감사해요."

눈을 딱 감고 '아니오'를 말했다. 전화를 끊고 한동안 마음이 불편했다. 문득 '손님을 놓쳤다'라는 아쉬운 마음이 들었다. 영업일에는 손님을 하염없이 기다리는데, 한 명의 손님도 귀한데 말이다. 가게를 열었다면 얼마나 팔았을까? 그냥 기다리시라고 할 걸 그랬나? 마음이 개운치 않아 휴일을 편히 쉬지 못했다.

책방 2년 차, 정기 휴무일에 쉬어도 전처럼 회복되질 않았다. 책이 좋고 사람이 좋으니 책방 업무가 잘 맞는 편이었고 오랫동안 요가와 자전거로 단련된 체력이 있으니 모든 것을 혼자 해결해도 무리가 없다고 믿었다. 젊음이 끝나지 않을 거라는 근거 없는 믿음은 매일의 택배 정리, 스마트폰과 노트북을 끼고 처리해야 하는 작업, 일대일 고객 응대로 무너질 수밖에 없었다. 책방을 닫고 아이와 함께 까무룩 잠이 들기 일쑤였다. 방전 직전의 몸 상태를 '최선을 다해 하루를 살았다'라는 자기만족으로 착각했던 것 같다. 어느 순간부터 스마트워치의 친절한 알람을 곧장 확인하지 않고 미루기 시작했다.

책방 쉬는 날, 2년 동안 한 몸처럼 지낸 스마트워치를 벗고 집을 나섰다. 단 30분만 꺼져 있어도 초조함에 사로잡히곤 했던 나에게 스마트워치의 친절한 돌봄을 벗어나는 일은 삶의 한 부분을 덜어내는 결정이었다. 전화, 메시지, SNS 알림, 걷기와 칼로리 체크 등 그날만큼은 편의와 효율, 정확한 일과에서 멀어지고 싶었다. 가족의 품에서 온전히 쉬는 시간을 일부러 만들어야겠다는 생각이었다.

인적 드문 강가에 차를 세웠다. 평소 탁 트인 풍경을 좋아하는 나를 위해 애써 찾은 곳이었다. 웬일인지 아무런 감흥이 없었다. 목적지에 도착하고 난 뒤 한참 동안 몸이 꿈쩍하질 않았다. 남편이 아이와 자전거를 타러 간 사이 뒷자리에서 나도 모르게 잠들고 말았다. 전화를 받거나 문자 답장을 하거나 책을 읽어야 한다는 강박에 멀어졌기 때문이었을까. 정말 오랜만에 달콤한 낮잠을 즐겼다.

잠에서 깨어나 천천히 창밖으로 시선을 옮겼다. 금강의 시원한 겨울 풍경이 비로소 눈에 들어왔다. 주차한 지 두 시간 만에 차 문을 열었다. 전자기기와 멀어져 오롯이 나와 내 가족의 몸과 숨결이 머무는 '지금 이 순간 여기'에 집중한 주말이었다.

몇 달 뒤 스마트 워치는 수명을 다했다. 자주 사용하던 시계가 없어선지 옷을 덜 입었을 때처럼 헐벗은 기분이었다. 그렇지만 수리하지 않았다. 스마트워치 없이 보냈던 그날 하루가 영향을 주었던 걸까? 늘 '해야 한다'라는 생각으로 하루를 움직였던 나는 '하고 싶지 않다'로 생각을 바꿔 하루를 다르게 살아도 괜찮다는 걸 알게 되었다. 시간을 허투루 쓰지 않으려는 강박, 더 잘하고 싶은 욕심, 나보다 타인을 생각하는 지나친 배려, 계획을 실행으로 옮기려는 집착 등 모두 거리를 둘 필요가 있었다. 디지털 알림에서 멀어지고 싶었다. 그렇게 나는 스마트워치를 벗었다. 정확히 말하면 손목 위에서 끊임없이 신호를 보내는 알람에서 벗어난 것일 테다. 그날 이후부터 지금까지 내 손목은 아날로그 손목시계가 감싸고 있다.

책방 6년 차. 해가 짧아지고 날이 쌀쌀해지자 손님이 줄기 시작했다. 동네 책방 방문이 계절의 영향을 받는다는 걸 이제는 경험으로 잘 안다. 그렇지만 12월 계엄 사태 이후로 자주 오던 손님들마저 발길이 줄었다. 하염없이 누군가를 기다리는 동안 최악의 상황으로 생각의 가지가 뻗기도 한다. 불안을 일으키는 외부의 요소가 어느 순간 '내 탓'이라는 화살이 되어 마음에 꽂히는 지경까지 이르는 날도 있었다. 묵묵히 추위를 나고 있는 나무들이 유난히 앙상해 보였고, 창문을 때리는 바람 소리에 카운터 뒤에서 유난히 스산함을 느끼며 웅크리는 시간이 많았다. 뭘 해도 즐겁거나 설레지 않았다.

그러다 얼마 전 책방에서 만난 그림책 작가님께서 건넨 말씀이 생각났다. 햇살, 바람, 나무와 꽃 등 우리 주변에 있으며 무한한 기쁨을 주는 것에는 가격이 없다는 그 말. '마음만 먹는다면' 지천으로 널린 것을 공짜로 누릴 수 있다는 이야기가 인상적이었다. 그동안 정세 불안과 서점업계 침체로 공간을 지키는 것만으로 벅찼던 겨울이었다.

일단 시간을 확보하고 작은 행동부터 시작해야겠다는 다짐으로 아이를 학교에 보내고 책방으로 향하던 발걸음을 살짝 바꿨다. 나에게 하루 30분의 초록 처방을 내리기로 했다. 1월부터 3월까지 나를 놓아주지 않던 무기력을 떨쳐내기 위해 걷기 시작했다. 가방에 넣어둔 책과 답장하지 못한 이메일과 일감을 그대로 둔 채로. 비행 모드로 전환해 놓은 스마트폰 하나만 들고 동네 뒷산으로 향했다.

산으로부터 늘 받기만 하는 기분이다. 산책로에 줄지어 촘촘하게 핀 꽃보다 산에 듬성듬성 피어난 꽃나무에 마음이 더 기운다. 오래, 천천히 보고 싶어 뒷걸음질로 걸어본다. 산에 사는 생명의 소리, 냄새와 뒤섞이며 호흡을 천천히 고른다. 몸을 따라 마음도 숨쉬기 시작한다.

아침 햇살을 등지며 산을 내려오는 동안 햇살이 내 어깨를 감싸며 토닥토닥 해주는 기분이 들었다. 잠은 잘 잤는지, 밥은 챙겨먹었는지 안부를 물어주는 가장 가까운 벗은 바로 '나'였고, '나'이여야 함을 나무 아래서 새 소리를 듣고 있다가 문득 깨달았다.

일주일에 서너 번쯤은 책방 밖에서 커피를 마시는 작은 선물을 나에게 주기로 했다. 책방에서 직접 내린 커피로 비용도 들지 않고 편안하게 마실 수 있긴 하지만 일터와 '거리두기' 하는 시간을 일부러 만들기 위해서다. 단 30분이라도 아무런 계획 없이 읽는 기쁨을 누려본다. 이바라기 노리코의 시집 《처음 가는 마을》을 오랜만에 펼쳤다. '문득 자기 존재를 감쪽같이 지우는 시간은 필요합니다'라는 구절에 한참을 머무른다. 오늘 읽는 행간과 여백은 오늘 만난 꽃과 새, 햇살에 맡기기로 한다. 시인의 말대로 잠시나마 누리는 '행방불명의 시간'이다.

지금 어디로 가고 있고, 앞으로 어디로 가야 할지 점검하는 기회를 작은 일상 속 나를 돌보는 시간 덕분에 만들어가고 있다. 무기력이 보낸 마음의 신호를 더 이상 외면하지 않기로 한다.

시, 좋아하세요?

초등학교 2학년 때 수업 시간에 쓴 동시가 반 대표로 뽑힌 적이 있다. 당시 내가 가장 마음이 쓰이는 상황을 리듬감이 느껴지는 글로 휘리릭 적어서 냈던 기억이 난다. 반에서 우수 시로 뽑혔던 내 시는 어쩌다 보니 학년 대표가 되어 교문에 크게 걸리게 되었다. 학교 선생님과 부모님의 칭찬이 마냥 좋지만은 않았다. 내 글을 향한 시선과 반응이 부담스러웠다. 또래 친구들은 나만 보면 장난삼아 시를 읊으며 놀렸다. "연필만 잡아도 두근두근 이래요! 백 점 받고 싶어서 난리래요!"

그저 시험이 떨려서 속마음을 쓴 것뿐인데…. 내 시가 적힌 게시물을 하루라도 빨리 걷어내고 싶은 마음뿐이었다. 교문을 통과할 때마다 눈을 질끈 감고 잰걸음으로 지나갔다.

연필만 잡아도 두근두근

시험지만 만져도 두근두근

한 개 틀렸네

하나만 맞았으면 백 점인데

백 점 받는 시험지는 어디 없을까?

교문에 한동안 내 동시가 크게 걸린 이후 해마다 '동시 쓰기 대회'에 학교 대표로 나가게 되었다. 나의 의지와 전혀 상관없이 '글 좀 쓰는 아이'라는 평가는 글쓰기에 대한 부담을 키우게 했다. 모르는 학교에 낯선 교실, 처음 보는 아이들과 나란히 앉아 주제를 받았다. 주어진 60분 동안 꼼짝하지 않고 머리를 요리조리 굴리며 원고지에 시를 쓰는 내내 등골이 시렸던 기억이 난다. 그저 읽고 쓰는 게 좋았을 뿐, 시 쓰는 데는 재주도 요령도 없는 나에게 1시간 동안 학교 대표로 동시를 써서 내는 일은 공포스러웠다. 정해진 시간과 공간에서 백지에 뭐라도 채워야 한다는 압박감은 30년이 지난 지금도 으스스한 감각으로 남았다. 물론 여러 번 참가하고도 수상하지 못했다는 결과는 수치심으로 남았다. 유년 시절의 경험은 '시' 세계로부터 저 멀리 달아나게 했다.

책방을 시작한 뒤에서야 시가 다시 서서히 다가와 주었다. 남편이 좋다고 건네준 번역 시집인 올라브 하우게의 《어린 나무의 눈을 털어주다》가 첫걸음이었다. 다른 장르의 단행본과 달리 세로로 긴 판형과 콤팩트한 사이즈가 손에 착 붙는 느낌이었다. 보이지 않는 것을 볼 수 있는 눈이 생긴 기분이 랄까? 하우게의 단순한 시어들은 익숙한 단어가 대부분이다. 그런데 시집 안에서 은유를 통해 새로운 의미를 갖는 시어로 낯설게 읽으면서 알 수 없는 해방감을 느꼈다. 눈처럼 새하얀 시집에서 낯선 비유를 마주할 때마다 살며시 눈을 감았다. 하우게의 시를 읽으면 흐렸던 눈이 맑게 개었다.

시인의 마음을 헤아리다 보면 헤아림의 끝에서 나의 마음과 자주 만나곤 했다. 시인은 유년 시절 가까운 이의 죽음을 여러 번 경험했고, 우울증을 오랫동안 앓으며 오직 책만을 평생 친구로 남았다. 평생을 정원사로 살며 숲에서 시를 썼던 시인의 시선에 가닿은 작고 사소한 존재의 목소리를 듣게 되었다. 어린 나무의 가지에 쌓인 눈을 털어주고, 풀의 목소리를 듣는 시인의 마음으로부터 책방이라는 공간을 계속 이어가는 힘을 얻었다. 온전히 내가 나를 위해 시를 읽기 시작했다. 하우게 시집과의 만남 이후로 한 권씩 시의 세계로 발을 들여놓기 시작했다. 시집을 읽는 동안 시는 주변 어디에나 있었다.

"다음 달 시인님 일정 잡아볼까요?" 월말마다 반가운 메시지를 받는다. 파주에서 온 연락이다. 난다 출판사 유성원 차장은 작은 책방에 전령의 신 '헤르메스' 같은 존재다. 저자와 독자의 경계, 출판사와 책방의 경계를 넘나들며 문학 모임 일정을 잡고 현장을 직접 찾아간다. '내 일'로서 적극적으로 나서서 하는 사람의 열정은 주변을 좋은 방향으로 움직인다. 성실한 인연 덕에 멀리 대전 구석에 있는 책방지기는 그가 편집하고 소개하는 책에 조금 더 애정이 간다. 난다 출판사에서 매달 출간하는 시인들의 이야기를 담은 시리즈를 꾸준히 읽고 소개하기 시작했다.

시리즈 첫 책 김민정 시인의 《읽을, 거리》에서부터 전욱진, 신이인, 양안다, 오은, 서효인, 한정원, 유희경, 임유영, 김복희, 정끝별, 임경섭, 김용택, 이훤…. 문학을 좋아한다면 SNS, 신문사 칼럼, 추천사, 독립 서점 북토크로 한 번쯤 들어봤을 법한 시인들이 매달 책방을 방문했다. 시인들이 대전 변두리 버찌책방에 매달 올 수 있었던 데는 작은 책방과의 관계를 아끼고 살피는 출판사의 마음이 컸다. 모객 결과와 상관없이 (10명이 모이지 않더라도) 기꺼이 시인과 동행하는 출판사 편집자의 넉넉한 마음과 기동력 덕분이었다. 시인들과 함께 두런두런 시에 관해 이야기하는 시간이 꾸준히 쌓여갈수록 시를 향한 마음의 문도 서서히 열렸다.

시인 각자의 세계관, 표현 방식, 집필 배경, 창작 과정이 다 다르지만 시를 쓰는 궁극의 마음은 한곳으로 모인다. 자신의 시 세계를 통해 독자에게 메시지를 전달하고자 하는 간절함이다. 그 순도 높은 마음에 무조건 하이파이브를 하고 싶어진다.

멋진 친구, 요즘 말로 '추구미'랄까? 시집은 친구가 되었다. 아직 완전히 이해하지는 못하지만 더 알고 싶고, 다가가고 싶고, 챙겨주고 싶은 그런 친구. 이제는 시집 앞에서 경직되기(무슨 말인지 모르겠다)보다 호기심(어떻게 말하는지 궁금하다)이 먼저 솟아난다. 책방에 꽂혀 있는 형형색색의 얇은 시집을 바라보며 시인들의 얼굴을 떠올린다. 서가에 시집이 차지하는 비중이 조금씩 늘어나면서 시에 관한 생각도 전보다 자주 솟아난다.

동경심을 품고 꾸준히 쫓아다니다 보니 언어를 담는 그릇도 넉넉해진 듯하다. 행갈이, 구두점 하나도 수없이 고민했을 시인들의 언어를 읽으며 그 정성스러운 쓰기에 감탄한다. 시집을 펼쳐 드는 동안만큼은 실용과 거리가 먼 효용을 비켜선 언어의 진정한 쓸모를 경험한다.

나에게 시집 한 권은 어느 예술가의 개인전이다. 전시회장 곳곳을 거닐며 작가의 작품을 감상하는 모습을 떠올려 보자. 설치된 작품을 한 점 한 점 본다고는 하지만 모든 작품을 온전히 이해하고 기억하기는 불가능에 가깝다. 아무리 집중해도 서너 점 정도가 기억에 남을 뿐.

시집도 마찬가지다. 시집 한 권을 여느 단행본 읽듯 한 번에 완독하려 하거나 이해하려는 숙제 같은 마음을 내려놓는다. 대신 개인 전시회를 감상하는 기분으로 시인의 예술관,

세계관을 담은 고유의 언어를 오롯하게 감상하면 어떨까? 갤러리처럼 그냥 그렇게 행간을 따라 방황하며 시인의 말맛을 음미하는 것부터 시작하는 것도 좋다.

잘 알지 못해도 마음껏 좋아할 수 있는 순정을 시 읽기를 통해 배웠다. 이제 시 코너에서 책등을 살펴보는 손님에게 다가가 인사 대신 말을 걸어본다. "시, 좋아하세요?"

3부

버찌만의 책방 운영 노하우

버찌의 첫 번째 추천 도서

즐겨듣는 음악이 흐르는 책방의 한 켠에 '책방지기의 추천 리스트'가 진열되어 있고, 너무 밝지 않은 조명 아래 방금 내려서 모락모락 김이 피어오르는 커피향이 감돌며, 반듯하게 진열된 책등을 손으로 훑고 꺼내서 들춰보기 좋은 습도를 유지하는, 손님들과 도란도란 책 수다를 떨며 시계의 시간을 잊게 만드는 신비한 공간. 한 권의 책에서 다른 책으로 이야기가 옮겨 가고 옮겨간 책에서 대화의 세계가 확장되는, 책과 사람이 엮는 책방이라는 공간의 판타지를 오랫동안 꿈꿨다.

그렇지만 판타지는 판타지일 뿐 그림 같은 장면이 절로 만들어질 리 없다. 서점업의 사정을 어느 정도 알고 시작했으니, 책방을 열었다고 손님들이 알아서 찾아줄 거라는 기대는 하지 않았다. 오픈한 지 얼마 되지 않은 정체 모를 가게에 누가 무슨 책을 어떻게 팔 줄 알고 선뜻 올까? 자연스럽게 책방의 색깔이 담긴, 동네에 새로운 활력이 될 만한 첫 번째 추천 도서를 고민했다. 첫 추천 도서가 책방의 첫인상이 될 테니까.

애정을 담아 소개할 수 있는 이야기로 '헤밍웨이의 파리'를 택했다. 주제를 위한 추천 도서로는 《파리는 축제다》와 소설 《태양은 다시 떠오른다》를 골랐다. 언제 읽어도 순식간에 몰입하게 만드는 전후 시절 파리를 배경으로 한 헤밍웨이의 초기 작품이며 상상 속 서재 '책방지기 찐 추천 리스트'에 수없이 진열했던 두 권이다.

다행히도 여행 작가로 도서관과 문화센터에서 독서 수업을 했을 당시에 사용했던 강의 자료가 있었다. 그 자료를 보완하여 평일 오전 10시에 만나 커피와 크루아상을 곁들여 헤밍웨이의 텍스트를 따라 파리 좌안을 돌아보는 '헤밍웨이의 파리'라는 책방 첫 번째 모임을 만들었다. 추천 도서 한 권에서 파생된 비일상적인 경험을 나누고 싶은 마음이 앞섰다. 주머니 사정이나 시간에 제약을 받지 않는 '책으로 떠나는 여행'을 모임의 방향으로 삼았다.

《파리는 축제다》는 파리 특파원으로 프랑스에 머물며 집필활동을 했던 젊은 시절에 대한 헤밍웨이의 회고록이다. 유명한 고서점 '셰익스피어 앤드 컴퍼니'와 실비아 비치, 《위대한 개츠비》의 스콧 피츠제럴드와 그의 아내 젤다, 당시 예술인의 멘토였던 거트루드 스타인. 파리에 살았던 예술가들의 자취를 헤밍웨이의 개인적 삶을 통해 읽을 수 있다.

1920년대 파리에서 주머니 사정이 어려웠던 젊은 헤밍웨이는 밥 한 끼보다 글을 쓸 장소가 절실했다. 파리 좌안의 뤽상부르 정원을 가로지르며 배고픔을 달래는 산책을 했고, 빈 속을 채우기 위해 카페에서 우유가 든 커피를 마시며 글을 썼다. 헤밍웨이는 가난한 시절을 보냈지만, 파리라는 도시를 창작의 동력으로 삼았다. 헤밍웨이의 언어 속을 걸으며 작은 방 구석이라는 현실에서 파리라는 도시의 풍경 속으로, 책과 함께 오래전 타국의 땅을 밟으며 느꼈던 호기심과 신비감이 되살아났다.

《태양은 다시 떠오른다》는 헤밍웨이가 파리에 머물던 시절의 자신을 투영하여 쓴 소설이다. 완전히 같을 수는 없지만 제1차 세계대전 종군, 파리에 온 미국인, 작가가 되고 싶은 특파원, 복싱을 좋아하는 주인공의 모습은 헤밍웨이 자신의 실제 삶과 꽤 겹치는 부분이기도 하다. 우디 앨런 감독의 영화 〈미드나잇 인 파리〉도 준비했다. 영화 속 스콧 피츠제럴드와 헤밍웨이가 등장해 당시의 파리를 상상하는 데 몰입을 돕는다.

첫 추천 도서를 정해놓고도 한참을 고민했다. 과연 SNS 공지 하나만으로 얼마나 올까? 사람들 반응이 없으면 어쩌지? 머뭇거림을 마음 한쪽 구석에 밀어두고 스마트폰 자판을 두드렸다. 첫 번째 추천 도서와 함께 나눌 시간에 대해 간단명

료하되 환대를 담아서 글을 적었다. 디지털 이미지 편집 기술도 전혀 없었기에 파워포인트 프로그램을 켜놓고 프랑스 국기, 헤밍웨이, 커피와 크루아상, 책 이미지를 모아 슬라이드에 옮겼다. '헤밍웨이의 파리'라고 모임 이름을 적은 후 화면을 캡처해 SNS 홍보 포스터를 만들었다. 어설프기 짝이 없는 모임 공지다.

> 이번 주 수요일에 뭐 하세요? 첫 모임 공지입니다. (…) 영화와 문학으로 프랑스 파리 여행을 떠나보아요. 따뜻한 아메리카노와 크루아상을 제공합니다. 준비물은 '마음의 여유' 하나면 충분합니다. 책 다 안 읽고 오셔도 됩니다. 책방지기에게 연락해 주세요!

눈을 질끈 감으며 '올리기' 버튼을 눌렀다. 이제 이 모임은 내 통제 영역을 벗어난 것이다. 어떤 손님들이 얼마나 올지는 책방의 운명에 맡긴다. 소식 글을 올린 다음 날, 스마트폰에 전송된 모르는 이들의 다정한 메시지를 받았다.

"모임 참석하고 싶은데 마감되었을까요?"

"저랑 친구랑 함께 가고 싶은데 자리가 있나요?"

"책을 안 읽고 가도 정말 괜찮나요?"

누군가의 반응이 이토록 고마울 수가.

비가 내리던 9월의 수요일이었다. 오전 10시에 가까워지자 손님들이 우산을 접고 가게 문을 밀고 들어오기 시작했다. 비 오는 날 아침 골목길에 있는 작은 책방을 찾아오는 수고로움은 일상의 관성에 저항하는 힘이기도 하다. 한 사람 한 사람의 관심을 모아 '헤밍웨이의 파리'로 떠나는 시간을 무사히 완성할 수 있었다. 다행히 커피와 크루아상을 곁들인 모임에 열 명이나 참석했다. 책방지기의 책과 영화 이야기가 이끄는 파리 여정에 그들은 반짝이는 눈빛으로 기꺼이 동행해 주었다.

평일 참석이 어렵다는 몇몇 손님의 반응에 힘입어 토요일 오전에 앙코르 수업을 열 수 있었다. 주변의 관심은 공간을 움직이는 동력이 된다는 것을 배웠다. 첫 모임에서 알게 된 헤밍웨이에 관한 관심이 마중물이 되어 '문학 함께 읽기' 모임이 공간의 결이 되었다. 신간이든 구간이든 상관없이 책방지기와 책벗들 관심의 방향에 따라, 사회적 맥락에 따라 "고전 읽기, 책방에서 같이 읽으면 그거 아무것도 아니야."《파리는 언제나 축제》 마지막 부분에 헤밍웨이가 썼던 표현처럼.

나다. 이 뿌에스, 나다Nada y pues nada(아무것도 아냐. 그리고 아냐, 아무것도).

첫 모임 날 책방지기가 추천하는 헤밍웨이의 에세이와 소설을 들고 책방을 나서는 손님의 뒷모습을 바라봤을 때의 뿌듯함이란!

무료하다 싶으면
책갈피를 만들어

투자 비용이 적고 단시간에 책방에 변화를 줄 수 있는 아이템을 꼽자면 아마도 '책갈피'와 '스티커'가 아닐까 싶다. 손님이 고른 책의 책장 사이에 책방의 감성과 아이디어가 담긴 작은 종이를 끼워주는 일은 공간의 경험을 기억해 달라는 무언의 애정 표현이기도 하다.

"와, 직접 만드신 거예요?"

"지난번에 주셨던 책갈피도 안 버리고 잘 모아두었어요."

"아이가 여기서 산 책을 읽다가 책갈피를 보면 책방에 또 가자고 하더라고요."

종이 한 장일 뿐인데 책방지기에게 돌아오는 이야기가 따스하다. 작은 인쇄물 한 장으로 내성적인 손님(또는 조용히 책만 고르는 손님)과 책방 방문의 마지막 순간인 카운터 앞에서 말 한마디를 더 나눌 수 있다. 책갈피 한 장당 평균 150원에서 조금 비싸게는 300원 정도인데, 손님들의 반응을 보면 전혀 아깝다는 생각이 들지 않는다. 물론 가볍게 여기는 분도 종종 있긴 하지만. 책에 끼워진 책갈피 한 장으로 큰 선물을 받은 것처럼 환해지는 표정을 보면 흐뭇하지 않을 수 없다.

독립 출판을 하고 싶어 배운 '인디자인'이라는 프로그램으로 책을 만들어 보기 전에 시도했던 인쇄물이 바로 손님들에게 무료로 나눠줄 수 있는 책갈피와 로고 스티커였다. 책방의 슬로건 'Read your life' 같은 간단한 문장을 초록 바탕색 위에 앉히는 것부터 시작했다. 저렴하고 빠르다는 평으로 지인에게 소개받은 대전역 근처 인쇄소에 가서 종이를 골랐다. 전하고 싶은 메시지, 즉 문장이나 이미지(그림 또는 사진)를 담아내는 종이의 물성에 따라 느낌이 달라질 수 있음을 책갈피를 만들어 보고 깨달았다. 일단 시도해서 결과물을 확인하고 다시 시도해 보고 확인하기를 반복하며 찾는, 결국 '제작비'라는 수업료를 지불해야 알 수 있는 과정이었다.

종이의 질과 가격은 거의 비례했다. 종이 가격에 타협하면 결과물은 만족스럽지 못했다. 그렇다고 너무 비싼 종이로 만들면 마음 편히 나눠주기도 망설여진다. 티슈 뽑듯 아무렇지도 않게 '몇 장 더 가져가겠다' 혹은 '아이가 낙서하게 넉넉히 가져가겠다'라는 말을 듣거나 아무 말 없이 카운터에서 여러 장을 챙겨 넣는 모습을 보면 속상하다. 책을 몇 권 이상 샀는지, 얼마나 자주 오는 사람인지, 책방을 찾아온 손님들을 대상으로 보이지 않게 셈을 하게 되면서 괴로워지기도 한다. 스스로 엉큼하고 옹졸하게 느껴졌기 때문이다. 지금은 책갈피와 스티커를 적당한 비용과 품질을 유지하되 마음 편히 나눌 수 있는 지류의 수준을 파악해 가고 있다. 무엇보다 중요한 건 책방지기와 손님 모두 재미를 느끼는 부담 없는 작은 변화이다.

손님이 먼저 재미를 느끼고 책방지기와 함께 작업하기도 한다. 대학교 졸업반 시절부터 3년 넘게 책방을 찾아와주는 J 님. 직업, 돈벌이와 상관없이 순수한 즐거움으로 아이패드 드로잉을 하는 J 님의 아이디어는 마흔을 앞둔 아줌마의 머릿속에서 절대 나올 수 없는 귀여움과 유머를 담고 있었다.

"이런 그림으로 굿즈를 만들어 보면 어떨까요?"라고 제안을 하는 J 님의 드로잉에는 버찌책방에 대한 애정이 가득했다. 체리, 책, 커피, 꼬마 책방지기를 담은 J 님의 드로잉으로 우리는 책방 엽서 굿즈를 제작해 판매하기도 했다. 상점과 손님의 관계 이상으로 공간에 대한 사명감과 비슷한 어떤 벅차오르는 감정을 느꼈다. 이제는 소정의 비용을 지불해서 그림값을 내겠다는 책방지기에게 J 님은 장문의 메시지를 남겼다.

"그동안 버찌책방에서 많이 받았다고 생각해요. 보답하는 의미에서 이번에도 그리고 앞으로도 돈은 받지 않을 생각입니다. 돈을 받아서 그린다고 생각하면 일이 되고, 부담도 되어 싫어요. 버찌책방을 생각하면서 그냥 즐겁게 그리고 싶어요."

서로가 서로에게 받은 게 더 많다고 생각하는 마음에서 시작한 아이디어와 꾸준한 소통은 재밌는 책갈피와 엽서로 탄생했다. 버찌 열매를 꼬치로 꽂아 만든 버찌네 탕후루 책갈피, 버찌책방의 돌고래, 태양, 버찌, 강아지 별이와 암탉 아리 그림을 담은 크리스마스 엽서까지. 손님들은 "귀여워요!"라는 감탄을 연발한다.

버찌책방 식구들이 담긴 크리스마스 엽서 판매 수익금은 늘 그랬듯 책방 이름으로 기부했다. '다정함의 작은 선순환'이랄까? J 님의 귀여운 드로잉으로 만든 인쇄물 덕분에 작은 책방의 연말 분위기는 경쾌하고 따뜻했다.

브랜딩으로
책방 거듭나기

    로고가 빛나는 물건을 볼 때면 놀랍다. 평범한 물건에 작은 로고 하나를 얹었을 뿐인데 '갖고 싶다'라는 마음이 들게 만드는 힘. 신발 뒤꿈치에 새겨진 스우시와 불꽃 마크, 티셔츠에 박음질 된 눈이 달린 빨간 하트, 하얀 머그컵에 인쇄된 파란 병…. 갖고 싶은 이유가 명확하지 않지만 왠지 갖고 있으면 그 브랜드의 이야기가 내 삶과 '연결'되는 기분, 브랜드의 철학이 내 정체성 일부로 흡수되는 기분이 든다. 일상 곳곳에 그 '기분'을 두고 소소한 기쁨을 누리기 위해 우리는 '브랜드' 상품에 기꺼이 지갑을 연다.

    작은 책방의 '책'도 마찬가지라고 생각한다. 여느 대형 서점, 인터넷 서점에서와 전혀 다른 성질의 책 소비다. 같은 책이지만 여기서 사고 싶은 '이유', '매력'을 입히고 싶었다. 그래서 책방 창업을 결심하고 가장 먼저 고민한 것이 바로 브랜드로서의 책방, '책방의 로고'였다. 버찌책방의 로고를 입은 책을 사 들고 책방을 나선다. 자기 공간에서 그 책을 읽는다. 독서 후 시간이 흘러 책에 새겨진 로고를 발견하고 책방을 찾은 그날을 떠올린다. 나는 로고가 공간의 분위기와 이야기, 서가를 채운 책의 결, 마음이 닿아 고른 책 등 그날의 경험을 품은 '상징'이 되길 바랐다.

책방을 준비하며 과감하게 투자했던 것은 도쿄와 타이베이 서점 여행이었다. 보증금과 월세, 인테리어 등 창업에 드는 비용이 만만찮을 거라 예상이 되었으나 당시에 필요한 것은 출판과 서점 문화 선진 도시에서의 영감, 발견이었다. 츠타야 서점 창업주 마스다 무네아키가 말한 '피부감각'을 경험하기 위해서, 공간마다 서점을 찾는 사람들에게 제공하는 구체적인 감각을 배우기 위해서 우리 세 식구는 접이식 유모차와 텅 빈 캐리어를 끌고 바다 건너 서점 탐방을 나섰다. 2019년 4월이었다.

도쿄의 '다이칸야마 츠타야', 타이베이의 '성품서점'과 같이 규모가 있는 서점 그리고 작지만 알차고 착실한 느낌을 주는 작은 서점은 저마다 인상적인 요소가 다 달랐다. 작은 상점을 다니면서 수집한 것은 상점 카운터마다 비치된 로고와 주소가 인쇄된 명함이었다. 명함 사이즈, 종이 질감과 두께, 색상, 텍스트의 배열 등 작은 종이 조각에 담긴 디자인을 수집하면서 각각의 공간이 제안하는 라이프 스타일을 주머니에 담아가는 기분이 들었다.

집에 돌아와 거실에 놓인 큰 테이블에 여행에서 수집한 명함을 깔아놓고 수첩을 펼쳤다. 빈 종이 위에 '버찌책방'을 적고 그 아래 이것저것 떠오르는 것들을 끄적였다. '꿈', '목표', '습관', '리추얼', '기쁨', 'read your dream' 등 담고 싶은 가치를 적었다. 연필로 적은 키워드 아래에다가 간단하게 드로잉해 보았다. 한글로 책, 영문으로 Book, 체리, 책 모양 그림 등. 책과 '버찌'를 자유롭게 그리며 이리저리 조합을 해보았다. 얼마나 지났을까, 반복해서 그린 영문 book에 알파벳 'o'가 마치 체리 알처럼 보이기 시작했다. 알파벳 'o' 두 개를 체리 꼭지를 그려 연결했더니 한눈에 봐도 '버찌책방'이라는 이름이 가시화되었다.

책방 로고의 첫 번째 탄생은 우연히 시작되었다면, 두 번째 디자인의 탄생은 3년의 서점 경험을 바탕으로 나름 철저히 계획된 투자였다. 그 투자는 책방에서의 인연으로 성사될 수 있었다.

시즌 1 버찌책방 시절 손님이 책방 근처에서 디자인 스튜디오를 운영한다는 걸 알게 되었다. 별빛집 버찌책방 시공이 어느 정도 마무리될 무렵, 새로운 공간에 맞게 로고 디자인을 세련되게 다듬고 싶다는 마음이 생겼다. 문득 디자인 스튜디오를 운영하신다는 손님이 떠올라 용기를 내어 메시지를 보냈다. 주로 규모가 있는 기관의 디자인 작업을 하는 회사인지라 동네 책방의 '브랜딩' 작업도 가능할지 궁금했다.

대답은 매우 긍정적이었고 설레는 마음으로 디자인 스튜디오 사무실에 방문했다. 집 짓기를 시작한 뒤로 부동산, 설계사무소, 건축 시공업체, 인테리어 업체 등 책방을 넘어서 다양한 업종의 공간을 찾아다니고 전문가를 만났던 경험이 낯선 세계에 들어설 때 마음의 문턱을 낮춰놓았다.

책방에서 종종 책 이야기를 나눴던 시간이 관계의 바탕이 되어 버찌책방의 과거-현재-미래를 면밀하게 들여다보게 해주었다. 단순한 업무 관계가 아닌 신뢰와 응원의 마음이 자연스럽게 녹아든 책방의 리브랜딩 작업은 즐겁게 시작되었다.

리브랜딩 작업에 앞서 이메일로 사전 질문지를 받았다. 나이에서부터 좋아하는 음식, 주로 장은 어디서 보는지, 좋아하는 휴가 장소, 자주 마시는 음료 등 지극히 개인적인 질문에서 출발해서 책방 운영자로서 삶에 대해, 경험을 바탕으로 한 앎에 대해, 서점업의 한계에 대해, 다른 가능성을 향한 본질적인 질문으로 나아갔다.

질문 자체는 간단했으나 답변은 쉽게 채워지지 않았다. 답을 적는 그때 나를 이해하게 된 점도 있었고, 나 자신을 이해하는 정도가 파편적이라는 것도 깨달았다. 2023년 3월에 작성했던 리브랜딩 사전 질문지 일부를 공유해본다.

어떤 기업을 좋아하나?

미나 페르호넨(오너의 책을 읽고 감동했다), 무인양품(심플한 디자인 철학을 바탕으로 한 서점, 레스토랑, 호텔 등 사업 전개가 흥미로웠다), 파타고니아(이것도 책), 디앤디파트먼트(책을 읽고 좋아서 도쿄와 제주 디앤디파트먼트를 다녀왔다)

어떤 브랜드를 좋아하나?

자주 구매하긴 부담스럽지만 프랑스 브랜드에 관심이 많다. 르메르, 아페쎄. 리빙 브랜드로 헤이(컬러풀한 아이템이 좋다), 비트라(오래전부터 의자 디자인에 관심이 많다. 소장하진 못했어도 장 프루베의 디자인을 좋아한다).

어떤 걱정으로 밤에 잠을 못 이루나?

다음 달 이자를 낼 수 있을까? 내가 과연 책방을 잘 해낼 수 있을까? 내가 열심히 했을 때 가족들이 힘들어하지 않을까? 일이 많이 들어와도 아이와 배우자를 챙겨주지 못할까 걱정이다.

5년/10년 이내에 하고 싶은 일은?

5년-책방에서의 경험을 토대로 단편이나 동화를 쓰고 싶다. 버찌책방이라는 공간과 브랜드가 손님에게 '읽는 생활', '더불어 읽는 삶'으로 각인되어 독서 라이프 스타일을 제안하는 클래스 및 굿즈 판매가 체계적으로 자리 잡았으면 한다.

10년-대학원 진학. 문학과 정신 분석을 공부해서 50대 이후에는 책(특히 문학)으로 심리 치료하는 일을 하고 싶다.

책방 일 중 당신의 장기목표에 가장 가까운 일은?

독서 모임은 책으로 타인의 마음을 돌보는 일이라고 생각한다. 배우는 마음으로 모임을 운영한다. 나중에 '독서 치료'라는 일을 시작하면 귀한 자산이 되지 않을까?

미래에 버찌책방을 그려본다면?

'디앤디파트먼트'처럼 느슨한 작은 연대들이 책방 안에 자리를 잡아 꾸준한 활동을 하고, 활동의 기록이 결과물이 되어 수익을 이루는 구조가 되었으면 좋겠다. 별빛집을 짓느라 생긴 빚을 어느 정도 상환하고 나면 지역 사회에 좀 더 도움이 되는 일을 하고 싶다. '책'이 다양한 활동으로 파생되어 지역 희망의 씨앗이 되고, 그 씨앗이 싹을 틔워 나무가 되기를 바란다.

개인적으로 가장 좋아하는 책 5권은?

리베카 솔닛《멀고도 가까운》, 메리 파이퍼《나는 심리치료사입니다》, 페르난두 페소아《불안의 책》, 울라브 하우게《어린 나무의 눈을 털어주다》, 아니 에르노《진정한 장소》…. 좋아하는 책이 너무 많다.

비용과 상관 없이 버찌책방을 위해 가장 사고 싶은 장비나 물품은?
폭스바겐 미니 버스. 개조해서 책 싣고 여행 다니며 책방을 하고 싶다.

비용과 상관 없이 버찌책방을 위해 가장 배우고 싶은 건?
시간과 내 머리만 허락이 된다면 프랑스에서 정신분석과 문학을 공부하고 싶다.

리브랜딩 작업을 하려고 하는 이유는?
지금까지 책방과 책방지기의 메시지는 일관된다고 생각했으나 그 전달 방식에 있어 체계적이지 못하고 디자인도 세련되지 못하다고 느꼈다. 책방을 객관적으로 바라보고 조언을 해줄 수 있는 외부 전문가와 소통하여 오래 할 수 있고 돈이 될 수 있도록 '버찌책방'을 진짜 브랜드로 성장시키고 싶다.

리브랜딩 작업을 통해 버찌책방이 이루고자 하는 변화는?
단순히 책방이 아닌 '문화공간'으로 거듭나고 싶다. 리브랜딩을 통해 세련된 이미지 작업물을 만들고 이 결과물을 사람들이 '소유'하고 싶게끔 만들고 싶다.

버찌가 중요하게 생각하는 가치는?

책도 책이지만 삶이 우선이다. 재밌는 읽기에서 그치지 않고 자신을 돌아보며 질문을 던지는 과정을 즐기기를 바란다.

버찌책방을 방문한 고객이 어떤 느낌을 받았으면 좋겠는가?

공간과 사람으로부터 책을 좋아하는 마음이 느껴진다. 이곳에 머물면 나도 책을 좋아하게 될 것 같다. 또 오고 싶다. 같은 책도 여기서 포장 받아 사고 싶다. 여기서 받은 온기를 누군가와 나누고 싶다.

늘 타인에게 질문을 던졌고, 타인의 질문에 대답하는 데만 익숙했던 나에게 자문자답의 시간은 낯설었다. 책방 업무, 설계와 건축, 육아 등 밖으로만 향했던 시선을 내 안으로 거두어 들여다보기 위해 의지가 필요했다. 나에게 질문을 던지며 완공과 재오픈을 앞두고 얼마나 준비가 되었는지 스스로 점검하는 기회가 되었다. 더 나은 사람이 되고, 보다 완성도 있는 공간을 만들고 싶다는 의지를 확인했다. 질문의 힘이란 위대했!

다시 리브랜딩 이야기로 돌아가서, 질문지와 그동안 버찌책방의 이야기, 이미지를 밑거름 삼아 책방의 로고가 새롭게 탄생했다. 다홍색을 시그니처 컬러로 정했다. 다홍색 로고로 새롭게 책방 스탬프도 제작했다. 스탬프 색깔을 최대한 로고 컬러와 비슷하게 맞추었다. 책방 도장이 찍힌 책은 '유일한' 책이 된다. 굳이 설명하지 않아도 빨간 체리 로고 스탬프가 찍힌 책을 보면 떠오르는 기분. 그 기분이 마음의 양식을 쌓는 경험과 연결되길 바라며.

"저 그 빨간 체리 도장 찍어주세요."

"체리 도장 찍힌 책들을 책장에 하나씩 모으는 재미가 있어요."

"저번에 고른 책을 집에서 읽는데 아이가 도장을 보고 책방에 또 가고 싶다고 하더라고요."

"빨간 도장 찍힌 책을 모아두니 남편이 그러더라고요. '도대체 버찌책방을 얼마나 자주 가서 이렇게나 산 거야?' 라고요. 하하."

책방 로고 디자인을 좋아하는 손님들이 늘어간다. 체리만 보아도 '버찌책방'을 생각하는 벗들이 곁에 있다. 체리 도장을 볼 때마다 책방에서의 추억을 떠올리는 어린이들이 책방과 함께 자란다. 책방을 방문했던 이들의 서가에 빨간 체리가 새겨진 책이 차곡차곡 쌓여가는 즐거운 상상을 해본다.

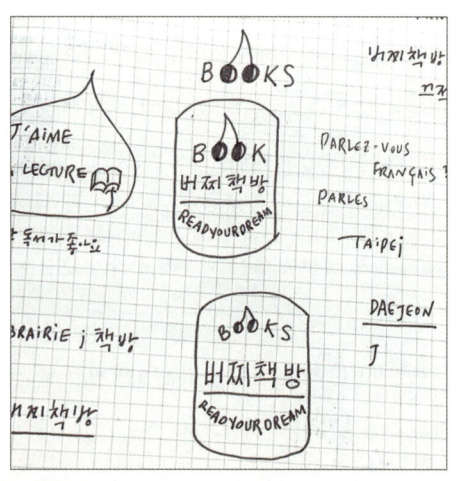

책 한 잔 커피 한 권

눈 뜨면 커피부터 생각난다. 원두를 갈 때 은은하게 퍼지는 고소하고 달큰한 향기가 고프다. 뜨거운 물줄기로 원두를 적셨을 때 퍼지는 향이 기분 좋게 잠을 깨운다. 커피는 나에게 단지 잠을 깨우는 카페인 음료가 아니다. 뜨는 해와 함께 곧 분주해질 아침에 공을 들여, 차분하게 하루를 깨우는 소중한 리추얼이다. 리추얼이 된 순간부터 커피는 '맛'이자 '시간'으로 마시게 되었다.

커피가 책방에 오는 손님들에게도 그런 요소가 되길 바랐다. 애써 책방을 찾아오는 이들에게 읽는 즐거움에 감각적인 요소를 선사하고 싶었다. 저마다 책방을 찾는 이유가 각양각색이지만 책의 종이 냄새와 커피 향을 동시에 느낄 수 있는 즐거운 경험을 하길 바랐다. 그 즐거움이 '일상에서 잠시 숨을 고르는 순간'이 되길 바라며 책방에서 커피는 꼭 팔아야겠다고 다짐했다.

그 커피는 큰 소리를 내며 빠른 속도로 추출되는 에스프레소머신에서 나온 것이 아니라 가느다란 물줄기로 원두를 천천히 적시면서 종이 필터를 투과해 나온 커피가 잘 어울린다고 생각했다. 드립 커피 한 잔을 내리는 느린 시간 속에서 감각적 요소들이 더욱 또렷하게 드러난다.

주문받은 커피를 내리기 위해 원두를 그라인더에 넣고 갈자마자 풍기는 향은 맡을 때마다 황홀하다. "커피 향이 참 좋네요." 책방 손님과 자주 나누게 되는 대화 첫 마디. 책방지기는 미소로 답하며 따뜻한 물로 예열해 둔 도자기 잔에 커피를 담는다. 커피 향이 솔솔 공간 곳곳으로 퍼져나간다. "저도 따뜻한 커피 한 잔 주세요." 멀찍이 서가를 조용히 살펴보던 또 다른 손님이 뒤돌아 말을 건다. 커피는 책방을 찾은 사람들이 느끼는 낯설고 어색한 기분을 편안하게 만든다.

참새가 방앗간 찾듯이 드나들던 동네 카페의 사장님께 블렌딩 원두 제작을 부탁드렸다. 매일 스무 가지 이상의 원두를 직접 볶는 수고를 마다치 않고 아메리카노 한 잔도 개인 취향에 맞게 제공하는 카페다. 나는 한 잔의 커피도 고객별 맞춤 원두로 내려주는 이 카페가 찾아오는 이에 맞게 책을 추천하는 작은 책방과 닮았다고 생각했다. 보통의 카페보다 마진이 적을 텐데 손님의 삶에 맞추어 정교한 서비스를 제공하는 마음은 커피를 대하는 진심과 연결되어 있을 것이다.

'버찌책방'을 떠올렸을 때 자연의 푸르름, 새와 풀벌레 소리, 서가 주변에서 나는 나무와 종이 향기, 수많은 책등에 새겨져 있는 책 제목들 그리고 커피향기가 떠오른다면 얼마나 좋을까? 공간의 주된 요소인 노출 콘크리트, 나무, 종이를 닮은 커피의 맛과 향은 어떤 느낌이 좋을까? 교보문고에 들어섰을 때 나는 시그니처 향으로 기분이 한결 차분해지는 것처럼 말이다.

조화로운 맛을 내는 적절한 커피 블렌딩 비율을 찾기까지 카페 사장님과 수차례 테스트를 거쳤다. 콜롬비아 원두의 고소한 맛에 에티오피아 원두의 과일 향을 조금 더한 첫 번째 블렌딩을 완성했다. 블렌딩 이름은 집의 이름을 따서 '별빛' 블렌딩으로 지었다. 산미를 좋아하지 않는 벗들을 위해 또 하나의 블렌딩을 부탁드렸고, 갈색 설탕의 단맛이 느껴지는 세 가지 원두를 섞어서 두 번째 블렌딩이 탄생했다. 원두의 캐릭터가 뚜렷하게 드러나는 커피를 선호하는 카페 사장님의 철저한 기준을 통과한 새로운 블렌딩의 이름은 '달고나'로 정했다. 별빛 블렌딩과 달고나 블렌딩. '이름-맛과 향-버찌책방의 이야기-책방에서 고른 책'이라는 연상 과정에서 느껴지는 감정이 공간을 경험하는 개인의 이야기가 되길 바랐다.

별빛과 달고나를 두고 카운터 앞에서 나누는 대화, 메뉴판 앞에 서서 고민하는 손님들의 반응은 흥미롭다. "지난번에 별빛으로 마셔봤으니 오늘은 달고나로 주세요." 새로운 맛에 도전, 일상에 변화를 주는 모습에 덩달아 기분이 좋아진다. "제 입맛에는 별빛이 더 맞더라고요." 산미를 좋아하는 사람이 드문데 마음에 들었다니 반가운 일이다. "달고나 원두가 맛있어서 한 잔 더 마시려고요. 한 잔 더 주세요." 두 잔을 연달아 마시는 분들도 종종 있다.

손님들이 떠난 자리에 놓인 커피잔을 들여다보며 만족스럽게 마셨는지, 입맛에 맞았는지, 머문 시간이 얼마나 여유로웠는지 가늠해 보곤 한다. 대체로 따뜻한 커피는 거의 남아있지 않은데, 아이스 커피는 얼음이 녹아 꽤 남아있었다. 얼음이 녹아 묽어져도 맛있게 마실 수 있는 커피에 대한 고민을 카페 사장님과 나누면서 아이스 전용 원두 블렌딩을 만들게 되었다.

별빛과 달고나 사이, 과즙의 청량한 느낌을 담은 아이스 전용 블렌딩의 맛은 훌륭했다. 시간이 지나 얼음이 녹아도 썩 괜찮은 맛이 유지되었다. 이름은 뭐로 할까? 고민 끝에 SNS를 통해 책방 팔로우 중인 이들에게 아이디어 응모를 받아보기로 했다. 버찌책방 운영 5년 만에 처음 있는 응모 이벤트였다. 당첨자 선물은 커피 한 잔과 버찌책방 추천 도서. 투명 서버에 가득 담긴 아이스 드립 커피의 사진을 찍어 이벤트를 올렸다.

여름 한정 아이스 전용 블렌드의 이름을 찾습니다. 과즙미 팡팡, 얼음이 녹아도 목 넘김이 깔끔한 커피의 이름을 정해주세요. 상큼함 가득!

이벤트를 올리기가 무섭게 댓글이 춤추듯 달리기 시작했다. 반나절 동안 스마트폰은 '좋아요' 알림 진동으로 들썩거리기에 바빴다. '새벽의 상큼함, 샛별', '하늬. 서쪽에서 불어오는 바람 하늬처럼 한여름의 땀을 식혀주는', '체리팡팡', '버찌의 여름', '햇살 블렌딩', '여름달빛', '티처럼 가볍고 산뜻하게 마실 수 있는 커피, 티피', '버찌팡', '윤슬', '별빛과 달빛의 온도', '상큼팡', '별똥별', '여름빛', '버찌야 여름이다', '바다햇살', '달고나 동생 차갑고나 그 동생 시원하고나', '버찌의 여름', '푸릇팡', '자두', '이 여름 썸머', '프레시', '파도', '체리블렌딩', '버찌네 아아', '우산봉 블렌딩', '여름방학', '백향과', '새벽공기', '아쿠아', '달빛'….

이름 아이디어가 하나둘 더해지더니 며칠 뒤 댓글이 50개가 넘었다. 익명의 팔로워들은 댓글로 응모하지 않더라도 마음에 드는 이름에 '좋아요' 하트를 눌러주기 시작했다. 책방 커피 이름을 두고 이 정도로 활발하게 시간과 에너지를 들이며 참여할 줄은 전혀 예상하지 못했다. 버찌책방이라는 공간의 기운, 느낌, 냄새 등 분위기를 고려한 정성 가득한 이름을 보면서 감탄했다. 아무런 반응이 없었다면 얼마나 민망했을까? 스크롤을 내려가며 단답형이 아닌 서술형의, 애정이 폴폴 느껴지는 댓글을 훑어보고 또 훑어보았다. 댓글 하나하나가 선물처럼 든든한 응원의 마음으로 느껴졌다.

가장 많이 '좋아요'를 받은 아이디어는 '샛별'이었다. 별이 많이 보이는 별빛집의 새벽별, 새벽 시간의 상쾌함을 담은 '샛별'을 여름 한정 아이스 블렌딩의 이름으로 정했다. 감사의 마음을 담아 응모 결과를 SNS에 올렸다.

고객 참여형 이벤트의 효과 덕분인지 '여름 블렌딩 커피'를 찾는 손님이 조금씩 늘었다. 평소 커피에서 나는 산미에 거부감이 있던 사람들도 호기심으로 한 번쯤 주문하는 일도 생겼다. 책방에서 마시는 커피 한 잔으로 일상 속 작은 변화를 즐기는 벗들의 귀여운 용기에 남몰래 마음속으로 물개박수를 보낸다.

책방에서 시도하는 작은 이벤트에 긍정적인 반응으로 답해주는 사람들 덕분에, 책만큼 커피를 좋아하는 사람들이 있다는 걸 알기에, 책방에서 제공할 수 있는 새로운 원두 블렌딩을 궁리하는 기쁨을 멈출 수가 없다.

하루에 단 한 잔을 팔더라도, 책방의 이야기를 담은 커피 문화 '책 한 잔 커피 한 권'은 계속될 것이다. 오타가 아니다. 공간에서 책과 커피로 완전히 나에게 몰입하는 시간을 경험하길 바라는 마음을 담은 버찌책방만의 문화다. 나무와 종이, 커피 향이 어우러진 따뜻한 시간을 사랑하는 이들의 만족스러운 얼굴을 떠올리며 매주 커피 볶는 향기가 가득한 로스터리 카페에 가서 블렌딩 원두를 다회용기에 채워온다.

버찌책방 출판사가
첫 책을 냈습니다

책방을 막 시작한 2019년 가을, 독립 출판 수업을 듣고 '인디자인'이라는 책 만드는 프로그램을 알게 되었다(3시간짜리 수업이라 '배웠다'보다 '알게 되었다'가 적절하다). 일단 뭐라도 만들기 위해 뭐라도 배워보자는 마음으로 인디자인 프로그램을 파기 시작했다. 인디자인 가이드북을 읽으면서 그동안 몰랐던 책의 물성을 결정짓는 편집 과정에 서서히 눈을 떴다. 인디자인 프로그램으로 내지와 표지를 만드는 기초를 익히고 나서 제일 먼저 떠올렸던 이야기는 배우자가 그동안 매일 스마트폰 메모장에 남긴 기록이었다.

'가장 좋은 글쓰기란 자신에게 솔직한 문장을 쓰는 것'이라는 에세이스트 최유수의 말처럼 나의 배우자, 아니 돌고래 작가의 기록은 '진정성' 있는 좋은 글이라고 생각했다. 출퇴근길에 마주치는 자연과 사람이 만드는 작지만 사소하지 않은 풍경을 내면에서 우러나는 대로 책 쓰기를 의도하지 않고 꾸준히 쓴 글. 반복되는 일상에서 나의 바깥 세계를 들여다보는 각별한 마음, 삶을 대하는 정성 어린 마음을 담은 아주 평범한 직장인의 기록을 책으로 만들고 싶었다. 세상을 향해 평범한 40대 가장의 존재를 노래 부르고 싶었다. 비록 독자에게 가닿는 힘이 부족할지라도 그의 이야기를 책방 친구들과 나누고 싶었다. '싶었다'라는 말을 남발할 정도로 그 당시 나에겐 제작이 절실했다!

지금은 독립 출판 제작 후기와 관련 출판물, 온라인 클래스 등 독립 출판에 대한 정보가 넘쳐 나지만 5년 전 상황은 달랐다. 지방에서 독립 출판 수업의 기회는 적었으며 북디자인, 인쇄 정보를 직접 눈으로 볼만한 현장이 없어 막막했다. 결국 내가 알고 있는 범위 내에서 움직이며 정보를 얻는 수밖에 없었다. 다행히 그동안 종이책을 원 없이 사고 만져보며 읽었던 경험이 쓸모없지 않았다. 단행본 세 권을 냈던 경험과 집에 쌓여 있는 수많은 에세이를 본보기로 삼아 책의 표지와 내지 사양을 고민했다.

계획에 따라 실행했다기보다 무용과 유용을 막론하고 마음이 원하는 방향으로 조금씩 나아갔다. 표지와 내지를 다양한 사이즈로 제작한 뒤 실물 크기로 인쇄해 느낌을 짐작해 보면서 선호하는 책 디자인의 디테일을 좁혀갔다. 수업을 들을 경제적 여유도, 시간도 없으니 일단 몸으로 익힌 감으로 부딪혔다(직접 경험하며 쌓은 시간만큼 확실한 배움은 없다!).

배우자의 스마트폰, 일기장, 한글 파일에 틈틈이 썼던 글을 하나로 그러모았다. 대략 5년 동안 통근버스로 출퇴근하면서 남긴 기록은 문체와 분량이 제각각이었다. 메모장이나 일기장에 썼던 흩어져 있는 글들을 일정한 글자체, 글자 크기로 정리하며 원고 형태로 갖추어 놓았다. A4 용지에 바로 인쇄할 준비가 된 한글 파일로 정리해 놓으니 느낌이 달랐다.

종이 위에 인쇄된 글과 컴퓨터 화면으로 보는 글은 하늘과 땅 차이다. 지극히 개인적인 기록에서 책에 가까운 형태로 나아가는 첫걸음으로 편집자인 나는 '첫 독자'가 된다. 글의 첫인상이 어떤지 설레는 만남이자 정성껏 읽어야 한다는 책임감이 동시에 드는 시간이다. 종이 위로 옮겨진 글은 모니터의 글보다 고치고 싶은 부분이 잘 보이고, 그 자리에서 빨간 펜으로 고칠 수 있다는 점에서 자유롭다. 왠지 모르게 침 발라가며 한 장 한 장 정성껏 읽게 된다.

이제 '원고'라 부를 수 있는 원고를 처음 읽는 것처럼 다시 살펴본다. 글쓴이가 꾸준히 목소리를 내는 주제가 있는지, 독자의 구미를 당기게 할 만하거나 밑줄을 긋고 싶은 문장이 있는지, 이렇게 골라낸 표현을 모으면 책 소개 글은 저절로 완성된다. 버찌책방 출판사의 첫 독립 출판물 《출근길에 썼습니다》의 소개 글이다.

이 책은 불안의 대물림을 끊어내기 위한 저자의 처절한 몸부림이다. 글쓰기를 좋아했으나 자신감이 없던 저자는 나의 권유로 매일 출근길에서 스마트폰 메모장에 글을 써왔다. 그가 카톡으로 보내준 글을 읽으면 마냥 좋았다. 글을 보내지 않으면 읽고 싶다며 정기 구독자처럼 요구했다. 그렇게 5년의 세월이 흘러 글이 쌓였고, 저자는 그중에서 고르고 골라 다듬고 또 다듬었다. (…) 똑같아 보여도 모두 다른 사람들. 사람들은 자신만의 빛이 존재한다. 저자는 그 빛을 밝혀 하루 10분 글쓰기로 나머지 23시간 50분을 살아냈다. 출근길 10분이 모여 세월이 흐르니 많은 글이 모였다.

가제를 《출근길에 썼습니다》로 정하고 '40대 가장의 잃어버린 나를 되찾는 출근길 사유'라는 분위기에 벗어나는 글은 과감히 뺐다. 한 문장 한 문장 꼼꼼히 읽으며 자리를 옮기고, 더하고 빼기를 반복했다. 수정이 어느 정도 되었을 때 거실 바닥에 글 한 편 한 편을 나란히 펼쳐 놓고 퍼즐 맞추듯 순서를 만들어 보았다. 이야기의 흐름을 담을 목차를 구성하는 단계였다.

표지 디자인은 디자인에 대한 상식이 전혀 없었기 때문에, 다시 말해 몰라서 무모할 정도로 단순할 수밖에 없었다. 인디자인 프로그램에 있는 도형 중 사각형을 위아래로 길게 늘려

삽입하고 모서리를 살짝 둥글게 굴려 스마트폰 모양으로 만들었다. 작은 원을 모서리 둥근 사각형 아래 넣어 홈 버튼처럼 보이게 했다. 그리고 배우자의 통근버스 타는 시각 오전 7시 45분을 검정 테두리보다 살짝 희미한 회색으로 적었다. 늘 쥐고 있는 일상적 도구를 활용한 직장인의 출퇴근 기록임을 보여줄 수 있도록. 이제 갓 편집 프로그램을 배운 내가 할 수 있는 오직 점과 선으로만 구성한 최선의 표지 디자인이었다.

어디서 인쇄할 것인가가 다음 고민이었다. 과거 단행본을 냈을 당시에는 원고를 넘기고 출간되기까지 기다릴 뿐이었다. 그다음 단계는 온전히 출판사의 몫이라고 여겼다. 하지만

독립 출판은 아니었다. 평소 잘 만들었다고 생각한 단행본 판권에 나온 출판사 연락처를 통해 인쇄, 제작 정보를 구했다. 편집자분께서 흔쾌히 인쇄 제작 업체를 소개해 주었다. 아무것도 모른다는 게 이렇게 큰 장점이 되는 경우가 있을까, 책이 좋아서 책으로 사는 사람의 마음은 얼마나 다정한가!

표지와 내지 편집이 어느 정도 마무리되고 전체 페이지 수가 결정되었을 무렵, 인쇄소에 견적을 부탁했다. 해외 페이퍼백을 선호하는지라 내지는 덜 매끄러운 재생지인 '그린라이트'로 알아보았다. 단행본에 널리 쓰이는 모조지에 비해 표면이 거칠하고 노란 색감이 느껴져 저렴할 것 같지만 많이 쓰이지 않는 이유 때문인지, '친환경'으로 소개된 그린라이트 용지는 조금 비쌌고 제작도 조금 더 오래 걸렸다. 그럼에도 그린라이트를 고집했고 결과물 자체만으로는 무척 만족스러웠지만 다음 책 제작부터는 독립 출판과 기성 출판에서 두루 선택하는 기본 사양을 벗어나는 결정은 피하게 되었다.

꾸준히 책을 제작하기 위해선 손해는 보지 않을 금액을 마지노선으로 두고 책값을 정하는 것도 중요했다. '책을 낸 저자가 되어 독자와 소통하고 싶다'라는 이상과 '쓸 수 있는 제작비의 범위와 권당 마진은 얼마가 남는가'라는 현실 사이에서 균형을 잘 찾아야 한다. 독립 출판 초보 제작자인 내가 감당할 수 있는 예산과 재고에는 한계가 있다. 제작비와 마진, 예상 판매량 등 여러 경제적 한계를 고려했을 때 책 사이즈, 용지 등 원하는 대로 맞추기란 여간 어려운 일이 아니다. 보통 초판 100~200부 정도 제작하는 독립 출판물은 1,000~2,000부 제작하는 기성 단행본 출판에 비해 제작 단가가 몇 배 높아질 수밖에 없다. 그렇지만 독자 관점에서 책은 다 같은 책일 것이다. 제작비가 많이 들었다고 책값을 그만큼 높게 정할 수는 없는 노릇이다.

막상 표지 뒷면에 책값을 적으면서 '과연 이 돈 주고 사람들이 이 책을 사서 읽을까?'라는 고민에 빠졌다. 15,000원? 14,500원? 15,500원? 아니 13,500원? 마음속으로 500원씩 올리고 내리면서 책값을 한참 저울질하다 결정하는 순간의 떨림이란! 결국 다른 서점에 입고 시 평균 공급률 65~70%인 금액이 권 당 제작비를 충당하고 남을 수 있도록 정가를 매겼다. 책값을 정하는 일은 독자의 지갑을 열게 만드는 저자와 제작자의 창작 노동을 경제적 가치로 환원하는 중요한 과정이다.

독립 출판의 이상과 현실 사이, 어느 한쪽으로 지나치게 쏠리면 지속하기 어렵다는 걸 깨달았다. 책방을 꾸리기 위해선 '돈'이 필요하고, 출판을 계속하기 위해서는 비용을 고려하지 않고 제작할 수는 없다. 독립 '서점'과 독립 '출판' 양쪽 모두 꾸려야 하는 상황이었으니까. 독립 출판물의 판매 수입을 모아서 다른 독립 출판물을 제작하는 데 재투자해야 한다.

그리하여 독립 출판물에 대한 나의 목표는 '마이너스는 무조건 면하자'가 되었다.

독립 출판은 '하고 싶은 마음'이 무엇보다 가장 중요한 동력이자 역량이라는 걸 배웠다. 책을 만들고 싶다는 간절함은 아무것도 몰라도 누군가에게 물어보며 도움을 청할 수 있는 '용기'와 부딪혀 보면서 한 걸음 한 걸음 나아가는 '실행력'을 낳았다. 완벽하고 싶은 미래의 결과를 위해 오늘을 망설이고 내일로 미루는 순간, 책을 만들어야 하는 이유보다 만들지 않아야 하는 이유가 더 커질지도 모른다. 어떤 일이든 결과를 예측하며 고민하지 말고 일단 해보는 '그냥'의 힘은 중요하다.

세계적인 임상심리학자이자 작가인 메리 파이퍼의 "모든 유형의 글은 1밀리미터일지언정 세상을 바꿀 수 있다."라는 문장은 몇 년째 큰 흥행(?)작이 없어도 꾸준히 쓰고 만드는 나에게 언제나 마음의 닻이 되어 준다. 다른 이들에겐 작은 출판물일지라도 나에겐 읽고, 쓰고, 엮고, 만드는 과정은 삶의 문제를 풀어가는 실천이자 치유 과정이었다. 남편의 중증 불안장애, 아이의 놀이 상담 치료, 책방의 경제적 문제, 엄마나 아내가 아닌 '나'의 실존을 위한 틈새 읽기와 쓰기까지. 가족 구성원들의 드러나지 않은 이야기를 한 권의 출판물로 만들며 가정의 고통과 상처는 고유하고도 구체적인 언어를 낳았고 그 언어에 공감하는 눈과 귀를 만나 조금씩 퍼져 나갔다.

북토크 맛집이 되는 비결

세상에 수많은 형태의 책방이 있지만 나에게 책방은 '살롱'이다. 버찌책방이 단순한 책 읽기를 넘어서 예상 밖의 독서 경험을 원하는 사람들을 위한 열린 공간이길 원한다. 취향 공유에서 출발해 문화, 사회적 담론이 오가고 느슨한 연대감을 느낄 수 있는 곳. 경험을 기억으로 켜켜이 쌓아가는 문화 공간 말이다. 그래서 책방을 열 때 로고와 함께 제일 먼저 디자인한 건 공간이 추구하는 핵심 가치를 한 문장에 담는 일이었다. 슬로건 'Read your life(종이 위에서 당신의 삶을 읽어보세요)', '함께 읽고 더불어 살아가요'에는 함께 읽는 시간을 디자인한다는 생각을 담아 만들었다.

독서가 해보지 않은 행위를 경험하는 기회라면 '저자와의 만남'은 그 행위에 인간적인 속도와 밀도를 더해 고유함을 체험하는 자리이다. 활자로 고정된 저자의 이야기에 사람과 사람 사이에서 빚어진 현장의 이야기를 더한다.

북토크 모임이 있는 날에는 아침부터 분주하다. 바닥을 쓸고 테이블을 옮기고 의자를 깔고 닦는다. 동선에 걸리지 않도록 화분을 옮기고, 환기를 하고, 커피 머신을 청소한다. 도서를 잘 보이는 자리에 진열한다. 참가자 명단을 확인하고 자료 화면을 점검한다. 작가가 앉을 자리에 책과 화병을 둔다. 어느새 이마와 콧등에 땀이 송골송골 맺혀있다. 사람이 귀한 작은 책방은 사람을 맞이하는 날이 참 즐겁다.

과연 나라면 이들처럼 할 수 있을까? 내가 작가라면, 내가 손님이라면, 내가 출판사 관계자라면…. 이 구석진 곳까지 시간과 비용을 들여서 찾아올 수 있을까? 다른 지역 작은 책방과의 만남을 위해 새벽길을 나서 기차와 지하철을 타고 올 수 있을까? 하나의 행사를 둘러싸고 이곳으로 모이길 선택한 그들의 마음을 그려본다. 더불어 읽고자 공간을 찾는 그 마음씨가 활력소가 되어 빗자루질을 활기차게 만든다.

출판사의 제안으로 종종 북토크 진행을 맡는다. 독자와 서점만이 저자와의 만남의 일방적인 수혜자가 아니다. 저자 역시 독자와의 만남이 기쁘다. 행사 진행하는 책방지기가 추억으로 남을 수 있게 양쪽의 입장을 잘 살펴보려 한다. 처음 방문하는 낯선 공간에서 저자가 마음의 문을 열고 편안하게 이야기할 수 있도록 돕고 싶다.

행사에 참여하는 독자들에게 구매를 권장한다. 멀리서 작은 책방을 찾아오는 저자와 출판사를 배려하기 위함이다. 책방은 공공장소가 아닌 개인사업장이며 개인이 운영하는 문화 사업은 판매가 이루어져야 한다. 문화 행사는 상업적 목적만을 두고 기획하는 건 아니지만 현실적으로 독자가 책을 사야 운영이 가능하다. 그 때문에 지역 책방에 찾아오는 저자의 수고를 생각해서라도 선정 도서 구매는 가능한 한 필수 조건으로 정한다. 참가비 일부를 도서지원금으로 사용할 수 있게 하고 '선정 도서 구매는 책방 기획 행사의 지속가능성과 작가의 활동에 큰 힘이 됩니다'라는 참석자 입장에서 부담이나 거부감이 덜한 안내 문구를 함께 적는다. 매출이라는 상업 이익과 서점업의 문화 정체성 사이에서 균형을 유지하기가 참 어렵다.

책방을 찾는 손님들에게 여전히 저자와의 만남은 낯설다. 동네 책방에서 저자 초청 모임을 한다는 사실에 놀라는 손님도 적지 않다. "작가님이 여기까지 오신다고요?"라는 반응이 가장 많다. 북토크를 망설이는 이유는 두 가지로 요약해 볼 수 있다.

"책을 다 못 읽을 것 같아서요."

"내향형인데…. 말해야 하는 건 아닌가요?"

구매를 넘어서 책방 일정에 참여해 볼 수 있도록 독려하는 것도 책방지기의 일이다. 낯선 경험 앞에서 호기심을 보이거나 망설이는 이들에게 용기를 낼 수 있도록 먼저 손을 내민다.

"걱정하지 마세요. 다 읽지 않아도 괜찮아요."

"작가와 책 친구를 만나는 경험은 책을 읽는 강한 동력이 되어요. 아마 모임 끝나고 얼른 마저 읽어보고 싶다는 생각이 드실 거예요."

운 좋게 김하나 작가의 《금빛 종소리》 북토크를 진행한 적이 있다. 김하나 작가는 책방에 도착한 직후 제일 먼저 서가를 둘러보았고, 맨 뒷자리에 앉은 사람들을 챙겼다. 잘 들리는지, 얼굴이 잘 보이는지 확인하더니 그 자리에서 바로 두꺼운 소설책 두 권을 깔고 앉았다. 앉은키를 조금이라도 키워서 목소리와 표정, 시선이 책방 구석구석 골고루 닿을 수 있도록 말이다. 게다가 그 책은 작가가 한창 재밌게 읽고 있다는 엘레나 페란테의 4부작 시리즈 중 두 권이었다(두께가 얼마나 되는지 가늠해 보시길).

김하나 작가의 배려와 입담은 나란히 앉아 진행을 맡게 된 책방지기의 긴장을 살살 달래서 풀어주었다. 작가와 독자 사이 수많은 질문과 대답이 오가며 무언의 제스처와 표정이 서로 감응했다. 용기 내어 개인 감상을 이야기하는 이에게는 격려의 박수를, 작가의 이야기에 훌쩍이는 이에게는 말없이 휴지를 챙겨주었다. 저자의 이야기와 독자의 삶이 조응하는 순간마다 조용히 스파크가 튀는 것을 느낀다.

그날 준비했던 질문과 멘트가 작가의 이야기 틈새로 자연스럽게 스며들었다. '호흡을 맞춘다'라는 표현이 딱 맞는 북토크로 마음에 남았다. 김하나 작가의 방석이 되어 준 엘레나 페란테의 책은 김하나 작가가 운영하는 팟캐스트를 애청하는 독자의 간택으로 책방을 떠났다. 아마 북토크의 즐거운 기억으로 두고두고 서가에서 사랑을 받겠지.

기회는 또 다른 기회를 낳기도 한다. 정신과 의사이자 《법정으로 간 정신과 의사》의 차승민 작가와 북토크를 마친 후에 정신과 의사이자 심리 웹툰을 그리는 팔호광장 작가를 추천받았다. 그리고 'MBTI 극 반대 성향의 두 정신과 의사가 글감으로서의 세상을 바라보는 법'이라는 신박한 주제로 북토크를 열었다. ISTJ와 ENFP의 만남에 ENFJ 책방지기의 진행으로 도파민과 지적 대화가 퐁퐁 샘솟았던 시간이다.

저자와의 만남 같은 오프라인 책 읽는 경험을 디자인하는 궁극의 목적은 결국 손님에게 이곳에서 책을 사야 하는 이유를 제안하기 위함이다. 책방을 찾는 분은 책방지기가 밑줄 그은 문장과 그 문장에서 감응한 이유에 마음이 움직여 온다. 북토크 때 질의응답 시간에 참가한 독자들이 "책방지기님이 추천해서 읽게 되었다."라는 답이 제법 많았다. 좋아하는 마음은 책과 이벤트를 소개할 때 고스란히 전달된다. 모임을 주최하는 책방지기가 읽고 책과 저자를 이해하고 있어야 소개할 수 있다. 제아무리 인기 많은 책이라고 할지라도 공간의 결과 맞지 않는 책은 설득하기가 어렵다. 출판사에서 저자 거마비 부담이 적은 행사 제안이 와도 쉽사리 진행하지 않는 것도 같은 이유다.

세월호 낭독회 《사람이 사람에게 사람의 말을 이어갑니다》로 책방을 찾아주었던 김현 시인의 문장처럼 결국 오프라인 문화 행사의 핵심은 '환대'가 아닐까 싶다.

> 서울과 수도권을 벗어나 낭독회를 꾸리는 것이 무척 좋았다. 안산, 제주, 속초, 광주 등의 공간에서 진행했는데 그때마다 뭔가 또 지속할 힘을 얻었다. 지역에서 낭독회를 연다는 것은 기본적으로 어떤 환대로부터 시작하는 일인데 그 환대가, 열린 마음이 어떤 응원처럼, 연결처럼, 동행처럼 여겨졌다.

저자와의 만남이 좋은 기억으로 남아 가족과 함께 오는 경우는 더욱 반갑다. '여성 소설가와의 만남'에 배우자와 함께 오는 여성, '작가와 함께 데미안 깊이 읽는 모임'에 청소년 자녀와 함께 오는 엄마, '시인과의 만남'에 시를 좋아하는 친정 어머니를 모시고 온 따님, '청소년 소설 읽기 모임'에 담임 선생님과 고등학생 제자들이 함께 오는 경우까지. 이쯤이면 저자와의 만남은 단순히 지적 욕구를 채우기 위한 시간이 아닌

듯하다. 책방지기 또한 마찬가지다. 북토크 기획에 열과 성을 다하는 이유, 그저 '좋아서' 말고는 할 말이 없다.

굿즈 좀 안들어 팝니다

좋아하는 카페의 커피를 어제 마셨어도 오늘 또 마시러 갈 수 있다. 그렇다면 책은? 오늘 책을 샀다면 다음날 또 와서 사기 쉽지 않다. 읽는 속도나 주머니 사정 등 개인 사정에 따라 책방에 와야 할 이유보다 오지 않을 이유가 훨씬 많다. 공간의 중심인 '책'에서 크게 벗어나지 않고 신선한 경험을 제공할 수 있는 아이템은 무엇일까? 버찌책방에 와서 책 이외에 다른 볼거리, 살 거리, 즐길 거리가 없을까?

버찌책방의 로고를 손에 쥘 수 있는, 슬로건 'read your life'가 새겨진 물건이 놓인 책상을 자주 상상하곤 했다. 책방의 로고가 있는 장소에는 책이 있을 테고, 곁에는 읽는 사람이 반드시 있을 것이다. 밑줄 그을 때 쓰는 연필, 필사를 위한 볼펜과 노트, 좋아하는 필기구를 담을 필통, 그 모든 것을 담아줄 에코백까지. 책과 작은 책방을 좋아하는 사람을 위한 소소한 즐거움, 읽기와 쓰기라는 책방의 경험에 도움이 되는 상품을 하나씩 제작해 보기로 마음먹었다.

별빛집 버찌책방으로 이사 온 후 제작한 굿즈를 정리해서 결과 보고서를 작성해 보았다.

굿즈 품목별 결과 보고서

로고펜 : '기념품' 이상으로 일상에서 애용하길 바라며 필기감을 우선순위로 펜을 정했고, 책방 로고와 슬로건 'read your life'를 입힌 디자인 두 가지로 해서 계절별로 새 컬러를 출시하고 있다. 입소문이 난 책방의 스테디셀러 굿즈.

목공 연필 : 책방 메인 컬러에 로고 패턴을 입힌 목공 연필. 목공연필의 독특한 그립감, 납작한 면에 인쇄된 로고가 반응이 괜찮았다. 필기보다는 밑줄 그을 때나 책갈피 용도로 사용하기 좋다. 흑심이 두꺼워 쉽게 부러지지 않아 어린이들에게도 인기가 좋다.

마스킹 테이프 : 로고 패턴으로 제작한 마스킹 테이프. 책방 첫 방문객이나 다이어리 꾸미기에 관심 있는 분이 좋아한다. 책 포장 시 봉투에 붙이는 용도로도 사용 중.

북토트 : 책 덕후에겐 책을 담을 전용 가방이 필요하다. 로고 라

벨을 제작해 에코백에 박음질했다. 책을 여러 권 가지고 다니는 손님들께 반응이 좋았다. 보통 에코백이라 부르지만 굿즈의 정식 명칭은 '북토트'로 정했다.

로고 밀크컵 : 로고를 레이저 인쇄한 반투명 밀크컵은 판매 중인 병음료를 서빙할 때 사용한다. 음료를 마시다가 마음에 들어서 구매하는 손님도 있다. 하지만 가격이 높은 편이라 초반에 판매가 잘 되다가 시간이 지나면서 판매가 더뎠다. 재고 100개를 겨우 소진하고 있다.

원고지 떡메모지 : 필사하다가 문득 원고지에 써보면 어떨까 싶어 만든 엽서 크기 떡메모지. 제작 단가와 판매 금액이 높지 않고 방문 기념품으로도 좋아 꾸준히 제작 중.

도자기 머그 : 나무와 흙으로 이루어진 공간의 질감을 닮은 도자기 잔을 지역 도에 공방에서 제작했다. 잔과 받침 세트로 책방에서 드립커피를 담는 용도로 이용한다. 커피를 마셔 본 손님들이 주문하는 경우가 많다. 도예가가 하나씩 만드는 컵이라 선주문 후제작 방식이라서 약 한 달 정도 기다려야 하는 단점이 있다.

로고 타올: 《서울의 워커홀릭들》 북토크를 진행하며 프리미엄 타올 브랜드 TWB 김기범 대표와의 만남을 계기로 버찌책방 로고 자수를 새긴 타올을 제작했다. 책을 통해 알게 된 사이라서 이런 굿즈가 가능하지 않았을까? 염색하지 않은 순면 타올과 빨간 로고는 무척 잘 어울렸으나 최소 수량 100장 기준으로 제작 단가가 높았다. 1주년 기념 판매라는 수식어가 없었더라면 판매하기 어려웠을 것 같다. 금전 여유가 생기면 언젠가 꼭 다시 제작하고 싶다.

문진: 로고를 넣은 크리스털 문진은 가격에 비해(3만 원) 인기가 좋다. 확실히 책과 직접 관련이 있는 굿즈가 반응이 좋은 듯. 제작 단가가 높고 제작 시간이 오래 걸린다는 단점이 있지만 꾸준히 판매할 계획.

사실 목록에 있는 것 외에 시도했다가 사라진 굿즈도 있다. 판매를 유지하기 어려운 가장 큰 이유는 제작을 맡길 때 목돈이 들어간다는 점이다. 굿즈는 매주 정기적으로 주문하는 책과는 별도로 예산이 필요하다. 주문 제작할 때 수량에 따라 개당 단가가 조정되는데 자본의 한계로 소량 제작을 해야 하는 작은 책방, 작은 브랜드는 눈물을 머금고 비싸더라도 최소 수량에 딱 맞추어 제작할 수밖에 없다. 가령 로고가 새겨진 머그컵 하나를 제작한다고 했을 때, 인쇄 가공 포함한 머그컵 제작 단가가 9,000원 정도이다. 최소 수량은 보통 100개 정도이니 약 90만 원의 현금이 주문과 동시에 필요하다. 90만 원이면 작은 책방에서 일주일 동안 주문하는 책 대금 정도의 규모와 맞먹는다. 품목에 따라 최소 수량 기준은 천차만별이다. 아이디어가 있어도 판매까지 실현하고, 재고를 소진한 뒤에 다시 발주를 넣을 수 있는 굿즈는 전체 제작 사례에서 절반뿐이었다.

아직도 책방 구석에는 제작했던 굿즈가 담긴 상자가 여러 개 쌓여있다. 꾸준히 판매되어 정기적으로 재주문을 하는 굿즈도 있지만 몇 개월째 판매가 더딘 굿즈도 있다. 쌓여있는 재고를 볼 때마다 부담이다(언제 다 팔고 투자한 돈을 회수하지?). 그럼에도 불구하고 굿즈가 필요하다는 생각은 변함이 없다.

굿즈 제작과 판매에 있어 무엇보다 중요한 것은 '내가 잘 쓸 수 있는 물건인가'라는 점이다. 몇 년째 살아남은 굿즈들은 책방지기이자 제작자인 내가 좋아하는 것이었다. 제작자가 애용하는 굿즈는 판매 수익이나 좋아보이는 것과는 조금 거리가 있다. 애정하는 상품은 재고가 쌓여 있을 지라도 배짱으로 버틸 수 있다.

버찌책방만의 고유성을 품은 아이템은 공간에 머무는 사람들의 경험과 맞닿아 있다. 버찌책방의 방향성을 담은 로고와 굿즈에 대한 긍정적 경험이 손님과의 지속적인 관계를 위한 커뮤니케이션 방법임을 깨달았다. 속도는 더디지만 앞으로 나아가고 있다고 믿는다.

새 책 말고 헌책 주세요

 책을 거칠게 다루는 괴팍한 습관이 있다. 완독하는 책을 '빈티지' 책으로 만들어야 직성이 풀린달까. 자유롭게 만지작거리며 읽고 읽어야 내용에 겨우 집중한다. 읽는 습관 때문에 책을 빌려서 보기 어렵다.

 빌린 책은 음료나 음식이 묻을까 조심스럽고, 읽다가 만나는 멋진 문장에 밑줄을 긋지 못한다. 운명 같은 문장을 만났을 때의 짜릿함, 다른 문장들 사이에서 건져 올려 가까이 두고픈 간절함을 밑줄을 그으며 다시 확인하곤 한다. 그런데 빌린 책은 읽는 도중 불쑥불쑥 찾아오는 감동의 순간을 마냥 흘려보낼 수밖에 없다. 이건 빌린 책의 문제가 아니라 읽는 사람의 읽는 습관 때문일 것이다.

 성인이 된 이후 본격적으로 시작한 독서 생활은 사치스러웠고 탐욕스러웠다. 읽고 싶은 책은 죄다 사서 보았고, 책 여기저기에 밑줄과 포스트잇, 인덱스 스티커로 난리부르스(?)

를 쳐놓았다.

표지를 넘기면 나오는 '면지'는 최고의 문장 수집 노트이다. 읽다가 밑줄과 인덱스만으로 부족하다 싶은 단어나 문장을 끄집어내어 당장 어디론가 옮겨 쓰고 싶다는 욕망이 강하게 들곤 하는데, 면지가 그 용도로 딱이다. 읽고 있는 책의 맨 앞 페이지이기도 한 그곳에 다시 읽고 싶은 페이지 번호, 수많은 텍스트 가운데 꼭 기억하고 싶은 단어, 행간에서 드는 생각과 느낌을 짧게 기록한다. 읽는 도중 자유로운 의식의 흐름을 타고 두서없이 면지에 적었던 메모는 책을 다시 꺼내서 읽을 때 큰 도움이 되곤 한다. 책을 만난 때와 그 당시 나에게 필요했던 단어와 문장을 마주하는 오늘의 나는 변화를(부디 '성숙'이라는 표현을 쓸 수 있기를) 느낀다. 책 속에 표시된 다양한 메모는 나 자신과 대면했던 순간이자 읽는 시간에 오롯이 몰입한 도취의 흔적이다. 읽은 흔적이 페이지 사이사이 쌓인 책은 아무런 표시가 없는 책보다 '사물'로서 생기와 활력을 품고 있다.

책방 구석에는 책방지기가 읽은 책을 모아놓은 '공유 서재'가 소박하게 마련되어 있다. 나누고 싶은 책, 기억했으면 하는 책을 책장 두세 칸에 모아 놓았다. 개인의 책장을 엿보는 듯한 느낌이다. 책방을 찾는 사람들과 나의 읽기 흔적을 나눔으로써 공간이 담고자 하는 이야기, 꾸준히 읽는 습관과 메모의 중요성 등을 간접적으로 전하고 싶었다. 공간을 지키는 사람에게 과거가 된 책이 발견하는 사람에게 현재이자 미래가 되는 순간이다. 공유 서재는 꼼꼼하게 공간을 살피는 손님들이 발견하곤 한다.

"이 책도 판매하시나요?" 한 손님이 다가와 조심스럽게 물었다. 책방 스탬프가 찍혀있고 옆면으로 알록달록 인덱스가 잔뜩 붙은 걸 보니 내가 읽은 책이 분명했다. 일 년 전에 판매했던 책이고, 당시 재고가 없었다. 책을 즉시 소유하고 싶은 손님의 마음을 잘 알기에 조심스럽게 답했다.

"아…, 지금 그 책은 새 책으로 없고요. 필요하시면 주문은 가능해요. 다만 최소 3~4일은 걸리니 참고해서 주문하시면 돼요."

"아니요, 이 책은 판매 안 하시나요?"

"네? 아…, 이건 새 책이 아니라 제가 읽던 책이라서요."

"괜찮아요. 읽은 흔적이 있어 더 좋은데요. 페이지를 넘기다 밑줄 친 문장을 만나는 재미가 있어요. 적어놓은 메모를 읽는 것도 흥미롭고요. 혹시 괜찮으시다면 전 이걸로 사고 싶어요."

"그렇지만 이건 읽던 책이라서 깨끗하진 않거든요…."

"아, 책값은 그대로 계산할게요."

"읽은 흔적까지 좋아해 주시다니, 감사합니다."

정가의 절반도 못 받는 온라인 중고 서점의 'B'급 수준의 상태인 책을 봉투에 담아 포장하는 내내 영 찜찜하면서 멋쩍기도 했으나 만족해하는 손님의 얼굴을 보며 고마운 마음으로 마무리지었다.

그렇게 서너 해 전 잘 읽었던 산문집은 새로운 주인을 만나 책방 구석 자리를 벗어났다. 책의 기분은 어떨까? 종종 상상하곤 한다. 애정이 식은 전 주인을 떠나 표시된 책이라서 더 좋다는 새 주인을 만나는 일은 마치 로맨스 영화의 한 장면 같다. 멀쩡한 새 책도 팔기 어려운 세상에 표시된 책을 파는 일이라니! 읽다가 좋아서, 뜨끔해서, 서글퍼서 그은 밑줄과 끼적임을 좋아하는 벗이 존재한다는 건 또 얼마나 든든한 일인지!

어느 날 작은 꾸러미가 도착했다. 봉투를 열어보니 내가 읽었던 책이 들어 있었다. 지난해 이동식 책방에서 팔았던 '헌 책'이기도 했다. 책에 새겨진 지금은 사용하지 않는 책방 로고 스탬프는 시간의 흐름을 고스란히 담은 채 빛바랜 보라색이 되어 있었다. 다시 내게로 돌아온 책 사이에는 '돌려주는 게 맞는 것 같다. 고맙고 오래 걸려서 미안하다'라는 짧은 내용의 손 편지가 들어있었다. 까마득히 잊고 있던, 표시된 책이 새 주인을 만났던 날이 불현듯 떠올랐다.

경기도에서 열린 책방마켓에 참여한 초여름 어느 날, 인스타그램으로 오랫동안 안부를 주고받았던 분을 직접 만났다. 손님은 새 책 위에 샘플북으로 올려 둔 나의 표시된 책을 차분히 살펴보았다. SNS 이미지로 보던 익숙한 손 글씨, 밑줄 그어 놓은 문장이 마음에 든다며 새 책이 있는데도 불구하고 샘플북을 망설임 없이 구매하겠다고 했다. 이른 무더위에 흙바닥에서 어마어마한 열기가 올라오던 오후, 다정한 그녀가 건넨 아이스 커피를 마시며 하루 종일 낯선 장소 속 낯설었던 나의 자리를 씩씩하게 견뎌낼 힘을 얻었다.

다시 내게 돌아온 책은 공유 서재에 새 자리를 잡았다. 누군가 표시된 책을 읽다가 책방지기에게 말을 건넨다.

"밑줄 그은 문장만 읽었는데, 참 좋네요. 새 책 있나요?"

"아…, 지금은 없어요. 죄송해요."

"그럼 혹시 주문 가능할까요?"

읽고자 하는 사람이 있다면 책의 운명은 아무도 모른다. 그 책을 구매한 사람이 '나'라고 해도 '나'는 책의 온전한 주인이라고 보기 어렵다. 종이 뭉치에 새겨진 이야기는 누군가와 함께 읽는 순간을 통해 운명의 다음 경로를 활짝 열게 된다. 읽었던 책들로 공유 서재를 만들고 난 뒤로 책방지기의 독서는 개인 취미 생활에 그치지 않고 무한 확장하는 중이다. 표시하는 자와 읽는 자 그리고 책 취향을 나누는 공간이 존재할 때까지.

4부

책만 파냐고 물으신다면

책방 안 작은 갤러리

2019년 도쿄 서점 여행을 다녀왔다. 가보고 싶었던 서점 목록을 하나씩 지워가며 보낸 6박7일의 여정에서 가장 인상 깊었던 공간은 '시부야 퍼블리싱 앤드 북셀러'(이하 SPBS)였다. 도쿄에서도 복잡하기로 유명한 시부야의 쇼핑몰을 하나둘 지나 골목으로 한참 들어갔다. 지도를 따라 몇 분을 걸었을까, 어느새 시끌벅적한 도시 소음이 사라지고 한적한 골목 안으로 들어섰다. 여기가 정말 시부야가 맞는 걸까 싶었다. 네온사인이나 간판 하나 없는 벽돌 건물은 시부야의 느낌과 전혀 달랐다.

SPBS 내부를 산책하듯 거닐며 받은 충격이 여전히 생생하다. 시부야 번화가를 빠른 걸음과 호흡으로 부지런히 움직였다가 서점에 들어서는 순간 탁! 하고 긴장의 끈이 느슨해져서였을까? 차분한 서점 공기를 마시며 시선의 속도를 늦추자 발바닥에서 피로함이 느껴지기 시작했다. 빼곡히 쌓여있는 책을 훑는 동안 미세한 감각이 되살아났다. 책 주변에는 문구, 의류, 인테리어 소품 등 다양한 상품이 자연스럽게 진열되어 있었고, 호기심이 이끄는 대로 발길을 옮기다 보니 어느새 서점 구석에 한 평쯤 되는 작은 방에 서게 되었다. 전시 코너였다. 일본어를 읽을 수 없었지만 진열된 책과 이미지, 짧은 영상 등을 전시하는 자리에 한참을 머물렀다. 서점 안의 또 다른 시공간에 있는 기분이었다. 잠깐의 시간이었으나 잠시 멈추어서 새로운 문화를 접한 일은 큰 전환점이 되었다. 당시 서점의 기능을 책 판매로만 생각했던 나에게 SPBS는 서점의 가능성을 확장해 주었다.

별빛집에서 버찌책방을 다시 열고 가장 해보고 싶은 것은 다름 아닌 '전시'였다. 선정 도서가 공간의 스토리가 되기까지 단조로운 독서에서 한 걸음 나아가 책의 한 페이지를 좀 더 오래 들여다볼 수 있는 공간을 만들고 싶었다. 책과 예술 감상의 문턱을 낮추어 애써 작은 책방을 찾아오는 이들에게 예술적인 순간을 선물하고 싶었다. 몇 년이 지나도 생생하게 기억에 남는 서점은 바로 그런 공간이었으니까.

그래서 버찌책방에 여백이 많기를 바랐다. 책방지기의 생각을 공간의 표정으로 드러낼 수 있고 시기마다 공간의 표정을 바꿀 수 있게 책장이나 가구, 소품으로 채우지 않고 곳곳에 여백을 두기로 했다. 우선 제작하는 벽면 책장 일부를 절반으로 키를 낮췄다. 어떤 그림이나 사진을 걸어도 건물이 되어가는 과정이 고스란히 담긴 무채색 콘크리트 벽의 민낯이 가장 자연스럽다고 생각했다. 목조 주택이 아닌 콘크리트 주택만이 가질 수 있는 벽 표면이 인테리어 그 자체였다.

같은 지역 출판사로 안부를 주고받았던 이유출판과 첫 전시를 준비했다. 전시를 준비하는 과정을 어디서부터 어떻게 해야 할지 몰라 헤매고 있을 때 버찌책방의 리브랜딩을 도와준 디자인 스튜디오 팀이 구원 투수가 되었다.

기본 전시 준비는 다음과 같았다. 유리창 크기에 맞는 시트지 디자인 및 제작, 벽면 설치물 디자인 및 제작, 책 디스플레이 구성, 전시 소개 글. 한 번의 전시를 위해 준비해야 할 것이 너무나도 많았다. 첫 전시 '이유출판의 이유 있는 책'은 분리된 방 안에 있는 큰 테이블과 나무 벽면을 활용했는데, 당시엔 공간만 덩그러니 있어 여길 어떻게 채우나 싶었다. 지나고 보니 첫 전시가 가장 임팩트 있었다는 생각이 든다. 공간을 이루는 콘크리트와 나무 소재가 주는 느낌을 전시 감상을 위해 머무는 동안 경험할 수 있었다. 게다가 전시 도서 테마가 '건축'이었으니 참으로 적절했다.

전시 선정 도서 중 의자의 역사를 소개하는 아코디언 아트북 《의자의 세계》가 있었다. 테이블 가운데 아코디언 북을 병풍처럼 펼쳐 놓고 책이 가진 물성을 살려 보았다. 책에서 소개한 의자 드로잉을 폼보드로 인쇄해서 전시 공간 벽면에 붙였다. 텍스트를 빼고 이일하 작가의 드로잉에 집중한 전시 코너를 통해 의자 디자인의 매력을 오롯이 느낄 수 있었다.

'이 의자가 제일 마음에 들어', '저 의자는 우리 집 거실에 놓고 싶은데' 등등 어린이 손님들이 전시된 이미지 앞에서 이야기 나누는 모습이 인상적이었다. 그 모습을 보고 작은 책방이 누구에게나 열린 갤러리가 될 수 있겠다는 생각이 들었다. 책의 홍수 시대에 한 권의 책에 오래 머물 수 있는 경험은 미술관 전시와 크게 다르지 않다. 종이책의 물성과 담긴 이야기도 예술의 한 장르이다.

첫 전시의 반응에 힘입어 1년 넘도록 책방에서 다양한 전시가 끊임없이 성사되었다. 결과를 막론하고 지역 책방에 관심을 보내주고 협업에 응한 출판사 덕이라고도 할 수 있다. 물론 전시 효과로 책이 잘 팔리면 고마운 일이겠으나, 전시 감상이 해당 도서 판매로 곧장 이어지지 않는 경우도 많다. 전시물과 소개 글, 책 앞에서 한참 머물며 시간을 보내는 사람들의 뒷모습을 바라보는 동안 그 책의 주인이 되어 주길 바랐다. 전시 초반에는 전시를 보고 사진만 찍고 책을 사지 않는 손님들에게 섭섭함을 느꼈다. 하지만 책방의 방향성과 방문하는 이들의 목적이 항상 같을 수는 없을 것이다. 전시 횟수가 늘어감에 따라 판매라는 결과로 이어지게 해야 한다는 책임감을 조금씩 덜어내게 되었다. 공간을 이끌어가야 하는 나 자신을 위해, 공간을 경험하는 손님들의 편안한 시간을 위해.

매달 새로운 책 전시를 꾸미는 일은 체력적으로 무척 수고로운 일이지만 공간 분위기를 바꾸어 책방지기와 이용하는 벗들에게 새로운 활력을 불어넣는 기회가 된다. 같은 자리에서 같은 서가를 채우는 일을 반복적으로 하는 나에게 다음 전시를 고민하는 시간은 골치 아프면서도 즐겁다.

아트 프린트, 원화, 폼보드에 인쇄된 텍스트, 도서 그리고 포스터를 설치해 놓은 공간을 통해 책방 이용자들에게 전하는 메시지는 분명히 있다. '책을 즐기는 방법의 다양성', '읽는 기쁨의 확장'.

버찌책방이 눈으로만 책을 읽는 데서 한 걸음 더 깊이 들어가 오감으로 책 읽는 공간, 느슨하게 예술 작품 감상하듯 읽는 시간을 제공하는 공간이 되기를 바라며 오늘도 애쓰고 있다.

버찌책방이 시도한
첫 전시에 격을 높여준 스튜디오 슬로먼트,
스튜디오 엔아이엔에 감사드린다.

문장 수집의 일상생활

 책방을 오픈하고 혹독한 첫 여름을 보냈다. 7~8월 무더위에 여름방학이 겹쳐 손님의 발길이 줄었고 덩달아 매출도 떨어졌다. 대출이자를 포함해 고정비용을 내기에 충분한 돈을 벌지 못했던 8월 내내 뜬눈으로 밤을 지새웠다. 불안한 마음이 좀처럼 잦아들지 않았다. 걱정이 또 다른 걱정을 낳고, 그 걱정이 나를 잠식해 꼼짝 못 하는 밤은 끝나지 않을 것만 같았다. 어깃장을 부리는 듯한 어둠이 사라지면 어스름한 새벽은 어김없이 찾아왔다. 뜬 눈으로 다음 날을 맞이할 때면 어디서부터 어떻게 하루를 시작해야 할지 막막했다.

 하루를 차분하게 시작하기 위해 몸과 마음을 기댈 행위가 필요했다. 단 한 권의 책에 집중하기로 했다. 한 페이지 이상 집중하기가 어려워지면 일단 펜을 들고 밑줄 그은 문장을 베껴 쓰기 시작했다. 손에서 놓지 않았던 정은귀 작가의 《다시 시작하는 경이로운 순간들》에서 소개하는 시 구절, 저자의 다정한 시선이 담긴 문장을 깨끗한 종이에 옮기기 시작했다. 눈으로 '쓰게 될 것'을 훑었고, 손으로는 '쓰고 싶은 것'을 수집했다.

문장을 옮기는 동안 시간이 멈춘 듯했다. 복잡한 감정과 생각까지 멈췄다. 눈으로만 읽는 것보다 밑줄 그으면서 읽을 때 천천히 곱씹게 되고, 좋은 문장을 직접 써볼 때 비로소 그 문장과 감응이 일어났다. 행간에서 사유의 틈이 생겼다. 이것이 명상이구나 싶었다.

종이를 문장으로 채우는 동안은 눈과 머리, 가슴과 손이 유기적으로 함께 움직였다. 잠시라도 한눈을 팔면 글자를 틀리거나 글줄이 올라가거나 펜을 쥔 손의 움직임이 흐트러졌다. 평소보다 집중력을 발휘해 정성을 다해 글자를 쓰면 그만큼 나도 그 문장에서 받은 느낌대로 '근사한', '다정한', '성실한', '유연한', '용감한' 사람이 되는 것 같았다. 'ㄱ', 'ㄴ', 'ㄹ' 자주 쓰는 글자 받침에 힘을 주어 천천히 한 글자씩 마무리하면 구부정했던 허리도 펴게 되었다. 길을 내듯이 꼬박 한 페이지를 채우면 성취감마저 들었다. 책상에 앉아 쓰는 기쁨을 매일 차곡차곡 쌓아갈 때의 뿌듯함이란! 게다가 필사 노트를 가방에 쏙 넣고 다니면, 어찌나 든든한지. 그 속에 담긴 좋은 문장이 나의 하루를 지켜주는 것만 같았다. 두 달 동안 매일 읽고 필사하다 보니 어느새 불안했던 나날을 통과하게 되었다. 정은귀 작가의 표현대로 '강물처럼 평평해져 하루를 흐르고 그렇게 하루이틀 어려운 시간을 스르지나게' 되었다.

이 좋은 루틴을 같이 하고 싶어서 온라인 필사 모임을 만들었다. 책방 독서 모임 이름인 '일상생활'을 응용해 '문장 수집의 일상생활'이라고 지었다.

"책방 친구들과 함께 읽고 쓰는 습관을 만들어 보세요!"

'문장 수집의 일상생활' 모임을 소개하는 첫 문장이다. 천천히 읽고 쓰는 시간이 낯설지 않게 느껴지길 바라며. 일상생활이라는 단어의 뉘앙스대로 나를 위한 문장을 수집하는 시간이 나를 돌보는 리추얼이 되길 바라며. 한 권의 책을 매일 조금씩 읽고 베껴 쓰는 일은 단조로워 보일 수 있지만, 나의 필사 인증에 관심을 주는 친구가 있다면 재밌고 기다려지는 일상이 된다. 한 권을 동시에 같이 읽는 사람들의 기록을 매일 나누며 혼자 읽을 때보다 내 안에 들고나는 생각과 감정이 훨씬 풍부해진다. 책 속 세상만 읽는 게 아니라 함께 읽는 사람들의 세상도 읽을 수 있다.

첫 모임 인원 8명으로 시작했던 '문장 수집의 일상생활' 모임은 어느새 매번 20명을 훌쩍 넘기는 책방 고정 프로그램으로 자리 잡았다. 그 시작으로부터 열두 달을 지난 지금, 대전 지역에 사는 단골손님, 종종 오는 손님부터 책방에 한 번도 방문한 적 없는 다른 지역에 있는 손님까지 예상치 못한 만남이 이어지고 있다.

"오늘 쓴 문장이 큰 위로가 되었어요. 요즘 야근이 잦아 많이 지쳐 있었거든요."

"작가님의 말씀이 오늘을 잘 살아낼 수 있게 해줄 것 같습니다. 즐거운 하루 되세요!"

"오늘 챕터는 저에게 좀 어려웠어요. 소화는 못 했지만 일단 완독해 보려고 해요."

"읽으면서 다른 분들은 어디에 밑줄을 긋고 필사를 하셨을지 궁금해지는 챕터였어요."

간단히 필사 인증 사진만 올려도 그날의 미션을 완료하지만 정성이 들어간 인증 글은 애정을 갖고 들여다보게 되는 법. 오늘 하루쯤은 건너뛰어 볼까 하는 생각이 들다가도 누군가 남긴 인증 사진을 보며 마음을 고쳐먹고 책상에 앉게 되는 것도 그 '연결' 때문일 것이다. 필사 모임 기간 동안에는 함께 읽는 사람끼리 보이지 않지만 가느다란 끈으로 이어져있어 서로의 마음을 쭉쭉 잡아당기는 것 같다.

더 나아가 필사하는 벗들의 애용하는 문구 아이템도 슬쩍 엿볼 수 있다. 나날이 필꾸력('필사 노트 꾸미기'라고 책방지기가 만든 줄임말)이 상승하는 벗들의 노트를 보는 재미가 쏠쏠하다. "스티커가 너무 귀여워요.", "펜 어디꺼 쓰세요?" 댓글을 주고받는 모습이 귀엽다. 색색의 필기구, 앙증맞은 스티커,

감성 가득한 마스킹 테이프, 다양한 사이즈의 노트를 활용한 필사 인증을 보면서 장바구니에 인덱스와 펜, 마스킹 테이프를 담게 된다. 어느새 필통에는 연필과 볼펜이 종류별로 가득하다. 독서욕에 구매욕까지 자극하는 취향 공유 모임이 참 재밌다.

  읽고 있는 책이랑 좋아하는 연필과 펜, 노트를 챙겨 책상에 앉는다. 오늘 읽을 챕터를 찾는다. 나만의 응원 메시지를 수집한다는 마음가짐으로, 기도하는 마음으로 밑줄 그은 문장을 한 글자씩 종이에 옮겨 적는다. 온라인 밴드에 접속해 친구들이 올린 성취감의 결과물에 이어 나의 흔적을 남긴다. 필사의 모양이 어떻든 간에 각자 최선을 다해 남겨놓은 성실의 흔적은 그 자체만으로도 울림을 준다.

마을과 어린이를 잇는
다정한 '고리'

'버찌 이모', '버찌 쌤', '사장님', '선생님' 어린이들이 책방지기를 부르는 호칭이 여러 가지다. 심지어 얼굴도 보지 않고 허리를 살며시 안으며 '엄마'가 튀어나올 때도 있다. 호칭이 무엇이든 괜찮다. 나를 찾는 어린이들이 있고 해맑은 목소리로 나를 불러주는 순간이 있다는 건 복이다. 복된 순간에는 미소가 절로 피어나고 얼굴을 어린이 눈높이에 맞추게 된다. 그동안 얼마나 웃지 않았는지 올라간 입꼬리가 어색할 지경이지만 어린이 스스로 정의한 이름으로 책방지기를 기억한다는 건 관계를 통해 쌓아온 시간을 보여주는 것이 아닐까?

팬데믹 이후, 삶의 많은 요소들이 비대면화, 디지털화되면서 골목 상점, 작은 공간이 위협을 받았다. 소비라는 활동에 '사람'이 생략되기 시작했다. 초등학교 저학년부터 스마트폰은 지극히 평범한 생활용품이 되었다. 사람이 사람의 눈을 마주 보는 시간보다 화면을 바라보는 시간이 더 많은 세상이 되어간다.

요즘 아이들은 학교와 집을 오가는 짧은 시간 동안 무엇을 할까? 집, 학교, 학원 밖에서 어른을 만날 기회가 얼마나 있을까? 우리 동네 어린이들은 자주 가는 단골 가게가 있을까? 어린이들이 책으로 누군가와 대화를 나누는 경험을 해본 적 있나? 책방을 하며 나눔 받고, 깨달은 것들은 작게나마 실천하고 싶었다. 책방이 있고 책방 친구들과 더불어 사는 동네를 잇는 동네의 이야기를 수집하는 활동을 하고 싶었다. 그 활동의 중심에는 어린이가 있기를 바랐다.

'마을 교육 사업' 공모에 선정돼서 받게 된 예산으로 할 수 있는 일을 고민했을 때 책방 어린이 손님들과 함께 마을의 이야기를 한 권의 책으로 엮어보는 일을 가장 먼저 떠올렸다. 책이라면 좀 거창한 느낌이다. 작은 문집이나 잡지 형태의 기록물이어도 충분하다. 사람과 사람, 책과 사람, 공간과 사람, 마을과 사람을 잇는 연결고리. 마을 매거진의 이름을 간단하지만 공동체의 뜻은 명료하도록 '고리'라고 지었다. 어린이들도 소리 내어 발음하기 참 쉬운 글자다.

《어린이라는 세계》를 쓴 김소영 작가는 "자신이 만나는 어린이들과의 일화가 일회성 소비로 그치지 않도록 애썼다."라고 말했다. 기획 및 편집인으로 참여하는 마을 매거진에서 채우고 싶은 내용 역시 어린이의 기록을 전시하는 정도에 그치고 싶지 않았다. 마을을 위해, 나를 위해, 책방에서 만난 친구들을 위해 어른과의 관계를 바탕으로 남긴 어린이들의 꾸밈없는 기록을 통해서 새롭게 마을을 바라보게 만들고 싶었다. 수집한 이야기를 기록으로 남기는 활동이 부담스럽지 않은 경험이 될 수 있게 기왕이면 즐겁게, 다 같이 해보고 싶다는 마음이 제일 컸던 것 같다.

'어린이와 함께 엮는 미을 경험 이야기, 마을 매거진'이라는 큰 그림의 세부 내용을 위해 평소 책방을 통해 인연을 맺은 이들과 접점을 만들었다. 책방을 하며 알게 된 지역 어른들께 어린이 마을 교육 활동의 체험처이자 강사가 되어 주십사 부탁을 드렸다. 동네 카페, 동물병원, 디자인 스튜디오, 작은 도서관을 운영하는 지역 내 직업인들의 이야기 자체가 수업 주제가 되었다.

편집 위원을 맡아준 책벗들이 존재했기에 마을 탐방 활동을 진행할 수 있었다. 가사 노동, 돌봄 노동 틈틈이 우리는 새벽에 만나 활동 계획을 세웠다. 책을 읽으며 마음이 가까워진 벗들은 어린이 마을 교육 사업을 위해 서로의 손과 발이 되는 것을 마다하지 않았다. 여러 면에서 서투르고 느렸지만 어린이 기자단을 향한 애정 어린 관심으로 활동을 이어갔다.

뜨거운 8월의 오후, 아이들과 함께 책방 근처 동물병원을 방문했다. 반려견 별이가 다니는 병원의 원장 선생님과 오랫동안 잘 알고 지냈던 사이였기에 부탁드릴 수 있었다. 어린이들은 반려동물과 함께 사는 꿈이 있지만 현실적으로 쉽지 않다. 반려동물이 없다면 동물병원도 그저 지나치게 되는 곳일 뿐, 우리 동네 동물병원에서 어떤 일이 일어나는지 어린이들이 경험했으면 싶었다. 막연한 동경에서 한 걸음 나아가 반려동물과 함께하는 삶, 돌봄을 조금이나마 이해하는 기회가 되길 바라며 동물병원으로 향했다. 꼬마 책방지기를 제외하고 참석한 아이들 모두 반려동물을 좋아하지만 키우고 있지 않았다. 그럼에도 동물병원에 들어가 수의사 선생님을 뵐 수 있다니 아이들에게 얼마나 가슴 설레는 일일까!

동물병원 탐방 활동의 스페셜 게스트 별이의 정기 검진 과정을 아이들과 공유하기로 했다. 진료실 책상 앞에 마을 활동가 모두가 둥글게 모여 귀를 쫑긋 세우고 의사 선생님의 설명을 들었다.

"동물의 체온은 어떻게 잴까요?"

"입!", "발바닥?", "귀?" 머리를 굴려 여러 답을 내놓았다. 단 한 번도 생각해 보지 않았던 질문이었을 것이다. 반려동물은 '항문'으로 체온을 잰다는 수의사 선생님의 대답에 아이들은 '웩', '꺅', '맙소사!'라는 소리와 함께 웃음을 지었다. 책방 영업 사원답게 의젓하게 있어 준 별이 덕분에 강아지 심장에 청진기를 대고 심장박동을 직접 들어보는 기회도 만들었다.

동물의 중성화 수술 과정을 듣고, 반려동물의 엑스레이 촬영 사진을 관찰했다. 수의사가 되거나 동물병원에 근무하지 않는다면 절대 경험할 수 없는 진짜 삶의 현장이다. 아마도 책방을 하지 않았더라면, 마을 교육 사업을 하지 않았더라면 이렇게까지 밀도 높은 이야기를 듣지 못했을 것이다.

작년에 이어 올해도 사업을 신청했고, 매거진 2호를 제작했다. 작년에 함께 한 활동가 친구들 그리고 새로운 활동가 친구들에 기대어 무더운 여름과 가을을 많이 웃으며 보냈다. 두 팔을 걷고 공동의 업무에 함께 해주는 벗들과 마을, 이웃, 어린이와 명랑한 시간을 보냈다. 두 번째 마을 매거진을 엮는 내내 활동 현장에서 흐르던 명랑한 공기가 읽는 분들에게 전달할 수 있기를 바랐다. 그 명랑함이 주변의 어린이와 이웃을 한 번이라도 관심 있게 바라보는 다정함이 되기를 말이다.

어린이들의 기록은 맑고 투명했다. 함께 시간을 보낸 어른들의 기록도 진솔했다. 세대 구분 없이 어린이의 기록과 어른의 기록이 나란히 엮인 책은 그 자체만으로 전달하는 메시지가 분명하다. 살기 좋은 마을은 다 함께 만들어 가는 것, "사람을 키우는 일이야말로 그 사회를 인간적인 사회로 만드는 일"이라는 신영복 선생의 말씀처럼 말이다.

"마음의 선순환 : 매거진 〈고리〉와 마음을 교환하세요."

매거진 출간을 정식으로 알리게 된 크리스마스이브, '마음

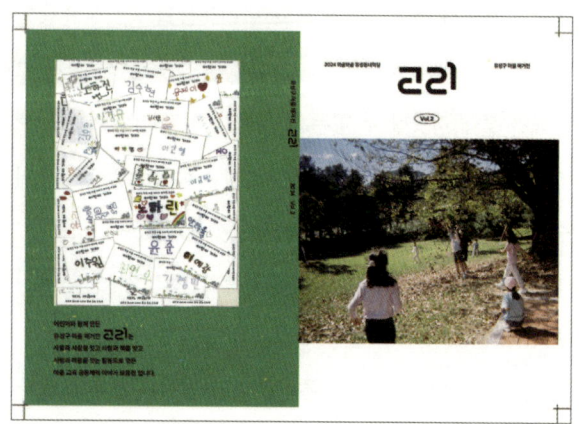

의 선순환'이라는 이름으로 몇 주 동안 행사를 진행했다. 마을 예산으로 제작한 책이라 판매가 불가했지만, 또 한 번의 선순환이 이루어지길 바라는 마음으로 기부금 오천 원과 교환하는 방식으로 책을 나눴다. 〈고리〉 매거진 활동에 참여한 어린이와 어른 모두 직접 책방에 찾아와 현금을 기부하고 책을 받았다. 카드 결제와 온라인 결제에 익숙한 요즘 아이들이 손에 쥐고 나누는 행위를 경험하게 해주고 싶었다.

인쇄소에서 막 도착한 책을 나누는 첫날, 당일 새벽에 갓 나온 뜨끈한 백설기를 나눠 먹으며 '공동체'를 느꼈다. 5천 원씩 모금한 12만 원은 마을 주민 센터에 기부했다. 큰 액수는 아니지만 마을 어린이와 어른의 관계망 안에서 모은 종이돈을 전달했다는 사실만으로 충분히 큰 기부였다.

눈을 바라보고, 마주 보며 미소 짓고, 곁에 있는 이의 이야기를 귀 기울여 듣는 시간이 쌓이는 동안 고리도 하나씩 늘어간다. 사람과 사람을 잇는 고리, 사람과 마을을 잇는 고리, 사람과 지구를 잇는 고리, 사람과 이야기를 잇는 고리…. 그러다 보면 우리가 사는 마을이 더 단단하고 촘촘하게 연결될 수 있지 않을까? 뜻을 함께 나눈 이웃들이 있으니까, 앞으로 마을 활동을 꾸준하게 해볼 용기를 내본다.

우리는 함께 읽을 때마다
투영해진다

    10평짜리 공간에서 20평짜리 공간으로 확장하면서 공간을 운영하는데 전보다 에너지가 더 많이 드는 건 당연했다. 시즌 2를 시작하고 읽고 있는 책이나 입고해 둔 책(=읽고 싶은 책)을 입맛을 다시며 물끄러미 바라볼 뿐 오랫동안 하고 싶었던 책 모임을 진행할 '틈'을 찾지 못했다. 야심 차게 모임을 위한 공간까지 만들어 놓고 말이다.

    청소, 재고 정리, 책 주문, SNS 활동, 북토크 기획과 모객, 커피 머신과 원두 관리, 설거지, 분리수거는 기본이요. 집과 책방 양쪽 공간을 관리하는 데 필요한 에너지는 입주 전 생각했던 것보다 훨씬 컸다. 모임으로 나누고 싶은 책이 카운터 한편에, 테이블에 쌓여갈수록 마음이 답답했다. 새 공간에 업무 루틴을 익히기 위해서 어쩔 수는 없지만 좋아하는 것과 해야 하는 것, 드러나는 것과 드러나지 않는 것 사이에서 균형을 유지하기란 어려웠다.

독서 모임은 책방이 계속 앞으로 나아갈 수 있는 원동력이었다. 책방을 이용하는 이들에게도 독서 모임은 꾸준히 읽게 하는 길라잡이이자 자극제였다. 혼자 읽고 정리해도 그만이지만 책을 통해 '살아있음'을 감각하고 책과 함께 '지금 여기의 삶'을 누리는 일은 특별하다.

"한국 여성 작가의 작품을 함께 읽을 분을 찾습니다."

여성작가의 책들로 취향을 나누던 벗과 함께 정기 모임을 만들기로 했다. 한 달에 한 번 만나 국내 여성작가의 작품을 같이 읽는 모임, 이른바 '여성작가 읽기 모임'이다. 책방 모임은 언제나 모객이 쉽지 않아 신청자를 기다리는 동안 가슴앓이를 하는데, 이번엔 SNS에 모집 게시글이 올라가기가 무섭게 신청은 순조롭게 마감되었다. 놀라운 반응이었다.

함께 읽은 첫 책은 이주혜 작가의 단편집 《그 고양이의 이름은 길다》였다. 한국 사회 안에 딸이자 아내, 엄마로 살아가는 여성의 서사가 담겨있는 소설집을 첫걸음으로 우리는 매달 천천히 내딛기 시작했다. 학구적(그렇게 열심히 읽고 뭐가 될 건데?)이거나 경제적인 목표(열심히 읽느라 썼으니 이제 벌어야지. 책 한 권 내려고?) 없이 순수하게 '문학 읽는 기쁨'을 누리기 위한 만남이었다. 소설 속 이주혜 작가의 문장처럼 '우리가 우리라서, 우리 곁에 서로가 있어서, 아찔하게 좋은 시절'을 한 달에 한 번씩 만들었다.

이주혜 작가를 시작으로 최진영, 김지승, 김멜라, 한강, 김하나, 박완서, 김애란, 조해진, 조남주…. 여성작가의 언어를 빌어 아직 자기 언어로 소화하지 못한 기쁨과 슬픔을 받아들였다. 각자의 삶을 펼쳐놓은 만찬을 뜯고, 씹고, 맛보고, 삼켜가며 나를 벗어나 작가의 삶, 작품 속 세계관으로 흠뻑 젖어들었다. 창작자의 세계와 독자인 우리의 세계가 포개질 때 주어진 삶에 순응하기보다 성찰하고 각자의 방식대로 나아갈 수 있는 동력을 만들 수 있었다. 한국 사회에서 여성으로 사는 삶은 어떤지, 어린 시절의 '나'는 어떤 시절을 통과했는지, 앞으로의 고민은 무엇일지, 함께 읽는 동안 불편한 현실을 마주할 용기를 얻는다. 대화하다가 종종 길을 잃기도 하는데 이야기를 들어주던 벗들이 손을 내밀고 길잡이가 되어 주기도 한다.

어떻게 읽는 게 옳은 걸까, 책 읽기에 정답이 무슨 필요가 있을까? 완독과 발제에 대한 부담을 내려놓으니 비로소 그저 책이 좋아서 모인 순간이 충만해진다. 독서 모임을 지켜보고 있노라면 각자 원하는 춤을 추고 노래를 부르는 무대 같다. 여성작가의 책을 함께 읽는 동안 우리는 한껏 투명해진다.

모임을 오후 12시로 옮기고 나서부터 간단한 식사를 곁들이게 되었다. 사는 지역이 전부 다르다는 이유로(먼 곳에서도 기꺼이 오는 열정!) 앉은 자리에서 각자 동네 맛집의 메뉴를 맛보는 즐거움도 생겼다.

나는 모임장 역할에서 벗어나 출입구 근처 가장 끝자리에 앉는다. 손님이 오면 언제든 맞이해야 하니 엉덩이 붙이고 모임에 온전히 몰입하기는 어렵다. 하지만 책방을 찾는 손님을 맞이하려 온기 가득한 방을 잠시 나오는 순간 알 수 없는 든든함을 느낀다. 문 너머로 어떤 대화가 오고 가는지 알 순 없어도 좋은 시간을 보내고 있다는 건 확실하다. 희미하게 들려오는 웃음소리는 공간 구석을 은은하게 밝혀주는 등불 같다.

우리는 여자로 태어나는 것이 아니라 여자가 되는 것이다.

프랑스 여성 철학자 시몬 드 보부아르의 저서 《제2의 성》에 나오는 유명한 문장이다. 발 딛고 서 있는 지금 이 자리에서 세상과 삶을 향한 시야를 넓히며 새로운 무엇을 발견할 때 우리 손에는 여성작가의 책이 쥐어져 있을 것이다. 책을 디딤돌 삼아 물리적 한계를 넘을 줄 아는 우리는 또 다른 존재가 되어간다.

아쉬움을 뒤로 한 채 매번 모임을 마무리하고 자리를 뜰 때마다 서로에게 구호처럼 외친다.

"우리 10년 뒤에, 20년 뒤에 이 책 꼭 다시 읽어봐요!"

학교로 찾아가는 책방

학교 수업이 있는 날은 소풍 가는 아이의 마음으로 눈이 떠진다. 공간 밖에서 책방의 이야기를 나눌 때는 언제나 즐겁다. 이동식 책방에 무슨 책을 담을지, 학생들에게 첫 마디를 어떻게 건넬지, 어떤 옷을 입을지 등 곰곰이 생각하며 하루를 시작한다.

지난해 자유학기제 프로그램 '마을 매거진 만들기' 수업으로 매주 갔던 학교에서 연락을 받고 무척 반가웠다. 제안받은 요일과 시간이 가게 영업시간과 겹치지만 문을 닫더라도 가고 싶었다. 학교 독서 페스티벌 주간 강의에 책방지기를 강사로 섭외한다는 것은 책방의 사회적 역할을 충분히 이해하고 계신 선생님, 즉 지역 내 협업 파트너가 있다는 거다. 학생들에게 기억에 남는 시간을 만들어 주고 싶은 마음으로 가겠다고 답을 보냈다. 오랜만에 영업일에 문을 닫는다고 SNS에 공지를 올렸다. 잘 다녀오라는 격려의 댓글을 보며 가게를 비우는 1인 자영업자의 불안은 용기로 바뀌었다.

익숙한 학교 이름, 지난해 학생들과 함께했던 4개월이라는 시간을 믿고 내비게이션을 사용하지 않았다. 매주 화요일마다 준비한 수업 자료와 책을 싣고 찾았던 장소에 대한 기억을 더듬어가며 어렵지 않게 도착했다. 도서관 앞에서 외부 강사에게 "쌤!"이라고 부르며 쪼르르 달려오는 친구들을 만났다. 작년에 만났던 학생 두 명이었다. 일 년 전에도 책이 좋다고, 도서관이 좋다던 학생들의 관심사가 여전히 책이라는 사실에 안도감을 느꼈다. "잘 지냈어?"라는 말과 함께 친구들의 어깨를 오랜만에 감싸보았다. 어깨가 작년보다 한 뼘 높아졌다. 평균 나이 열네 살, 도서관에 모인 중학생들이 반짝이는 눈으로 나를 바라보았다.

수업을 마치고 야외 중정에 마련한 자동차 책방에서 마음에 드는 책 한 권씩을 골랐다. 책을 들고 도서관으로 돌아와서 각자 고른 책을 들춰보고 읽느라 여념이 없었다. 돌아가면서 고른 책 제목과 함께 책을 고른 이유를 간단하게 말해보는 시간을 가졌다. 제목이 끌려서, 표지 그림이 마음에 들어서, 재밌게 읽었던 기억이 있는 책인데 다시 보니 갖고 싶어서, 취미인 게임이랑 맞닿아 있어서, 책이 얇아서 읽을 수 있겠다는 자신감이 들어서 등 고른 이유가 귀엽고 솔직하다. 책방지기의 질문에 정성을 다해 반응해 주었다. 그렇다. 청소년들은 책으로 교감하는 경험, 시간이 부족했을 뿐이었다.

"쌤, 저 책방 봉투에 좋은 말 하나 적어주실 수 있어요?" 수업 마무리하고 정리하는데 한 학생이 조심스레 물었다. 어려운 일이 아니라 흔쾌히 적어주었다. "함께 읽고 더불어 살아가자. 또 만나요."라고.

"우와! 글씨 너무 이뻐요!" 마음에 들었는지 손 글씨 하나에 큰 반응을 보였다. 순식간에 도서관에 있던 모든 학생이 내가 쭈그리고 앉아 있던 테이블 모서리로 모여들었다. "쌤, 저도 써주세요.", "저는 책에 적어주세요. 도장 찍어주신 데 옆에다가요.", "저도 책에 적어 주세요!" 순간 저자님들에게 죄송한 마음이 들어 "아이쿠, 나 사인하는 사람 아니야."라고 웃으며 답했다. 담당 선생님이 말씀하셨다.

"얘들아, 버찌책방 대표님이 너희들 고른 책에 저자가 아닌 거 알고 있지?"

"알아요! 괜찮아요! 그래도 써주세요."

저자가 아니어도 상관없다는 학생 전원이 책 면지를 펼쳐 들고 무언가 적어달라고 부탁하기 시작했다. 오늘 만남을 두고두고 간직하고 싶은 마음이었을까? 나는 그들이 보여준 마음에 답장하는 심정으로 펜을 꽉 쥐고 한 글자 한 글자 꾹꾹 눌러 적었다. 아이들과 어깨를 맞닿으며 책에 관해 이야기 나눴다.

"쌤, 저는 글쓰는 시간이 진짜 좋거든요. 나중에 글 쓰는 일을 하고 싶은데 뭐부터 해야 할지 모르겠어요. 재능이 뭔지 모르겠어요. 그래서 이 책을 골랐어요." 유진목 시인의 《재능이란 뭘까》를 고른 친구가 책을 내밀었다. 면지 한 가운데에는 시인의 멋진 친필 사인이 적혀 있었다. 하단 오른쪽 모서리에 찍힌 책방 도장 옆에 응원의 메시지와 웃는 얼굴을 작게 적었다.

아이들은 감탄과 감사를 연발했다. 까르르 웃는 생기발랄한 목소리가 내 귀를 간질였다. 열여섯 권의 책에 뭔가를 적는 내내 가슴 속에서 오랫동안 시들어 있던 무언가 되살아 나는 기분이었다. 작은 책방 주인인 나에게 사인 비스름한 끄적임을 부탁하는 청소년들이 오히려 고마웠다.

또 한 번은 대전 반대편에 있는 중학교에서 제안을 받았다. 전근가기 전 학교를 통해 알게 된 책과 책방을 좋아하는 선생님이었다.

"근처에 서점도 없고 책과는 거리가 먼 가정환경에 처해 있는 아이들이 많아요. 3학년 친구들이 책방지기의 이야기를 들으며 책을 고르는 즐거움을 경험했으면 해요. 거리가 멀어서 시간도 걸리겠지만…. 혹시 와주실 수 있을까요?"

아침 9시, 커다란 뿔테 안경에 배낭을 멘 키 작은 아줌마가 교실 문을 연다. 아직 잠이 덜 깬 학생들은 어리둥절해하는 표정이지만 이내 오늘의 강사라는 걸 짐작하고 자세를 고쳐 앉거나 아예 엎드려 잠을 청하기 시작한다.

내가 준비한 수업 자료 첫 페이지(사진과 제목)에서 두 번째 페이지(수업 개요 또는 강사 소개)로 넘기기까지 속도는 정말 학교마다, 학급마다 다 다르다. 주어진 시간이 길지 않지만 준비한 내용을 조급하게 전부 전달하려고 애쓰진 않는다. 기계적인 특강은 별 의미가 없다는 걸 학교 특강 경력 10년을 채우며 몸으로 익혔다. 남양주 어느 고등학교 진로 수업에서 눈치 없이 청소년의 삶과 연결 짓지 못한 채 일방적으로 어른의 말을 쏟아내어 학급 절반 가까이가 엎드려 있는 모습을 보고 어찌나 당황했는지, 10년 전 첫 학교 출강 날이 아직도 생생하다.

자리에 앉은 한 사람 한 사람의 얼굴과 눈을 마주 보며 반가움의 미소를 날린다. 교복 차림새, 표정, 자세, 말투… 하나같이 다르다. 교실 분위기를 파악한 뒤에 본격적인 이야기를 풀어놓는다. 관심 가질 만한 질문부터 던져본다.

"반가워요, 여러분. 책방지기 버찌라고 해요. 혹시 책방이 뭐 하는 곳인지 아는 사람?"

"책 한 권이 만 원이라고 치자. 그럼, 책방지기는 얼마를 수익으로 가져갈까?"

"하루에 몇 권 정도 팔까?"

"책 파는 것 이외에 뭐로 돈을 벌 수 있을까?"

"책방을 운영하며 드는 고정비용은 뭐가 있을까?"

"자, 대형서점과 무엇이 다를까? 독립 서점이라는 말에는 어떤 차이점이 있을까?"

10,000원짜리 책 한 권 팔면 약 2,500원에서 3,000원 정도 남는다는 책방지기의 비현실적인 말에 아침잠으로 반쯤 감겨 있던 학생들의 눈이 동그랗게 커진다. 책에 관심 없는 학생들의 이목을 끌었으니 일단 시작은 성공이다. 책을 좋아하는 부모의 손에 이끌려 책과 책방을 자연스럽게 접하는 청소년에 비해 책방에 관심이 없는 청소년은 책에 관한 관심의 출발점이 다를 수 있다는 걸 염두에 두고 말을 걸어야 한다.

책방의 공백기 동안 이동식 책방을 하면서 '책을 파는 일'의 가능성을 다양한 방법으로 시도했다. 카페, 꽃집, 소품숍, 빵집 등 책을 팔 수 있는 곳이라면 마다하지 않고 먼저 다가갔다. 꾸준히 경계를 넘어 소소한 일을 벌인 지 3개월 정도 지나자 다른 분야에서 경계를 넘어 다가오기 시작했다. 그중 자동차 책방 이야기를 듣고 학교로 찾아가는 기회가 생겼다는 점이 제일 뿌듯하다. 학교로 '찾아가는 버찌책방'은 책방을 다시 시작하고 나서도 꾸준히 진행하는 외부 책방 체험 프로그램으로 자리 잡았다.

책방으로 직접 연락하는 선생님들은 아이들에게 책을 직

접 고르는 경험을 선물해 주고 싶어 복잡한 행정 절차를 기꺼이 감내하는 대단한 어른이다. 교육 현장으로 찾아가 책과 지역 문화 공간에 관심 있는 선생님들과 만나며 공교육에 관한 생각이 많이 바뀌었다. 찾아가는 이동식 책방과 책방지기를 섭외하기 위해 예산을 계획하고 결재 승인을 받고 집행하기까지, 번거로운 행정 절차를 기꺼이 감내하는 마음은 제자들에게 교과 과정 외에 따뜻한 배움을 전하고 싶은 선생님의 사랑 표현이기도 하다.

10대 시절의 나는 학교와 가정이라는 울타리 밖으로 자주 뛰쳐나갔다. 나를 잡으러(?) 다녔던 어른들과는 성적과 이성 문제 말고 다른 주제의 대화를 나눈 따뜻한 기억이 없다. 소통할 수 있었더라면 조금 덜 불안해하고 덜 방황하지 않았을까? 나의 속내를 들어주는 누군가가 있었다면 어땠을까? 자동차 트렁크 책방에 진열된 책을 고르며 선생님, 친구들과 농담을 주고받는 학생의 뒷모습을 바라보며 부러웠다.

아이와 사귀고, 아이를 잘 알며, 아이에게 호의적으로 남는 사람, 그 사람이 곧 교육자이다.

제2차 세계대전 당시 길 위의 아이들을 위해 평생을 헌신했던 폴란드 교육자 야누시 코르차크가 했던 일을 되새긴다.

이동식 책방을 준비하는 마음가짐이 조금 거룩해진달까? 책을 파는 책장수가 아니라 책으로 아이들과 사귀는 어른으로 기억되고 싶다.

"여러분, 마음이 복잡하고 힘들지만 누구에게도 말을 꺼내고 싶지 않을 때 나를 위해 무엇을 할 수 있을까요?" 평소 들어보지 못한 질문이라는 표정으로 아무런 대답이 없었다.

"기대고 싶은 마음도, 기대고 싶은 사람도 없을 때 돌파구가 되어 줄 수 있는 건 무언가 좋아하는 마음이 아닐까요? 저는 그 좋아하는 대상이 '책'이었을 뿐이고, 여러분도 각자 방법이 있어요. 스스로를 구원하는 힘."

"…"

"돈이 없고 시간이 없어도 괜찮아요. 마음 힘들 때, 무언가 해결하고 싶을 때, 근처에 책이 있는 곳에 가보세요. 서점이든 도서관이든. 책등에 새겨진 책 제목만이라도 훑어보는 거예요. 처음부터 끝까지 다 읽어야만 책을 읽었다고 하는 건 아니에요. 책이 있는 장소에 가서 책 표지만 보고 와도 절반은 읽은 거나 마찬가지거든요. 마음이 힘들 때 찾을 수 있는 수많은 방법 중에 '책'이 있다는 걸 기억해 주었으면 해요."

중학교 3학년 두 학급을 만나고 왔다. 이동식 책방에서 고른 책으로 수업하는 도중에 "이 책은 언제 돌려 드려야 해요?"라는 질문을 받을 정도로 책을 선물 받는 경험에 익숙하지 않은 아이들이었다. 내가 해줄 수 있는 거라곤 책을 향한 나의 마음을, 책으로 살아온 이야기를 들려주는 것뿐. 평균 나이 열네 살 친구들과 책 이야기를 나누며 우리가 더불어 읽어야 하는 진짜 이유를 깨달았다. 읽을 수 있는 환경과 더불어 읽는 문화를 물려주는 것이 다음 세대에 더욱 평등한 독서 기회가 생기는 것임을 말이다. 책은 개인의 소유물, 독서는 소소한 취미에서 그쳐선 안 되고 누구나 누리고 나눌 수 있는 기본적인 문화 혜택이어야 하지 않을까?

나처럼 다양한 삶을 사는 지역 어른과의 만남을 통해 입시와 대학, 좋은 직장이 인생에 전부가 아님을 어렴풋하게나마 경험해 봤으면 하는 바람이다.

"쌤! 저 지난주 책방 수업 들었던 OO예요. 수업 너무 재밌었어요. 책도 잘 읽었고요. 거리가 멀지만 언젠가 꼭 찾아갈게요."

책방 인스타그램을 통해 메시지를 받았다. 학생들과 학교 밖에서 책방지기와 손님으로 만나는 가까운 미래를 꿈꾸며 어른의 책임감이 더해져 훨씬 묵직해진 책 상자를 트렁크에 싣는다.

새벽에 오실래요

새벽 시간 활동에 익숙하다. 새벽의 고요함 속에 좋아하는 것을 곁에 두고 매만져가며 사부작사부작 손으로 끄적이고 책장을 넘기는 무정형의 시간. 그 시간 속에서 나의 리듬을 살리며 영혼의 호흡을 시작한다. 아주 잠깐이지만 새벽을 온전히 나만의 시간으로 시작한 하루와 이불 속에서 뭉그적거리다 겨우 몸을 일으키며 시작한 하루는 기분부터 다르다. 마음의 스트레칭을 충분히 하고 시작한 하루랄까?

별빛집 버찌책방을 차린 이후로 새벽 시간을 거실 테이블이 아닌 책방에서 보내기 시작했다. 해가 점점 길어지면 동쪽으로 난 창으로 바라보는 새벽 어스름을 감상하는 때도 조금씩 앞당겨진다. 적막하기까지 한 산 아래 구석에 숨은 주택 1층의 불빛을 밝히고 커피를 내린다. 읽다 만 책, 읽고 싶은 책 더미에서 오늘 내 마음이 이끄는 제목을 고른다. 따뜻한 드립 커피와 함께 동이 트기 전 검푸른 하늘을 바라보며 책을 펼친다. 오르한 파묵의 《먼 산의 기적》에서 "우리가 책을 사랑하는 이유는 세상을 떠올리기 때문이 아니라 잊게 해주기 때문이다."라고 말했듯, 책과 커피 이외에 아무것도 필요하지 않은 그 시간 속에 머물다 보면 어느새 나의 삶을 관조하게 된다. 이보다 더 좋을 순 없다. 새벽 시간에 오롯이 마주했던 책, 책이 낳은 사유, 반성과 다짐, 새벽하늘과 새소리가 지금의 나를 만들어왔다.

처서가 이틀 지났을 무렵의 일이다. 새벽 5시 25분경 매미가 울기 시작했다. 일주일 전에 비해 소리가 확실히 약해졌다. 기를 쓰고 내던 울음소리가 뚝뚝 끊기기도 한다. 새벽 공기가 매미에게 차갑지 않을까? 아마 곁에 남은 친구와 이미 바닥에 떨어져 생을 다한 친구를 보며 이 여름과 자신의 마지막 순간을 알게 되었을지 모른다. 그럼에도 매미는 어김없이 새벽의 고요를 깨고 자기 존재를 세상에 알린다. 읽던 책을 덮었다. 풀벌레보다 작지만 힘껏 소리를 내는 책방의 마지막 매미 이웃을 온전히 응원하는 시간을 잠시 가졌다. 매미야, 너의 한결같은 성실성에 지난여름을 잘 버텼다, 고마워.

이토록 좋은 새벽 시간을 나누고 싶다는 생각이 들었다. 새벽에 누가 올까, 모객하다 괜히 힘만 빠지는 건 아닐까 싶었으나 용기 내어 새벽 모임을 기획해서 인스타그램에 올렸다. 이른바 새벽 번개 '책 한 잔 커피 한 권' 모임이다. 모임 이름 그대로 책이 커피가 되고 커피가 책이 될 정도로 분위기에 흠뻑 몰입하는 시간, 나만의 시간에 목마른 벗들의 발걸음 덕분에 새벽 모임은 여느 독서 모임만큼이나 북적였다. 새벽 시간이 아니면 안 되는 각자의 이유가 진실하고 소중하다.

"책방 독서 모임은 일정이 안 맞아 참석이 어려웠는데, 토요일 출근 전에 드디어 올 수 있게 되었어요!"

"일찍 일어나는 게 몸에 밴 사람인데, 아침 7시에는 스타벅스 말곤 갈 곳이 없더라고요. 그런데 버찌책방이 30분 앞당겨 문을 연다고 하니 얼마나 좋은지 모르겠어요."

"모두가 자는 동안 나와서 책방에 오는 데 탈출하는 기분이 들었어요. 이래도 되는 거죠?"

"평소 책방까지 1시간 가까이 걸렸는데, 오늘은 35분 만에 왔어요. 차가 없는 도로를 달리는데 얼마나 시원하던지!"

"외출 준비하는 소리에 아이들이 깰까 봐 어젯밤에 입을 옷을 거실에 딱 세팅해 두었어요. 하하."

책방에서 맞이하는 새벽을 위한 그들의 수고로운 과정을 상상해 본다. 좋아하는 것을 마음껏 좋아하고자 애쓰는 모습이 사랑스럽다. 이른 시간 벗들과 모여 함께 마시는 오늘의 첫 커피의 맛과 향은 차분한 공기 속에 더욱 선명하게 다가온다. 아무도 찾지 않는 시간이 주는 해방감 때문인지 표정도 한결 편안하다. 책방지기 역시 새벽 모임을 할 때마다 자유로워지는 걸 느낀다. 이 시간에는 책 주문을 할 필요도 없고 전화를 받을 필요도 없으며 책방을 찾는 사람도 없으니까. 해방의 공간에서 해방의 시간을 살며 잠시나마 우리는 새롭게 태어난다.

정혜윤 작가의 《삶의 발명》에는 '이야기 공동체'라는 단어가 나온다. 자기 나름의 이야기를 품은 각자가 각자의 삶을 이야기하고 산다는 것. 서로의 이야기에 감탄하고, 서로의 감탄 포인트에 자기 자신을 결합하고, 이야기를 통해 영향을 받으며 생의 에너지를 보다 나은 방향으로 바꾸는 과정이다. 새벽 시간에 모여 다람쥐가 도토리 모으듯 마음 주머니에 모아둔 나의 이야기와 밑줄 그은 문장을 꺼내어 도란도란 나누는 사람들의 모습을 통해 이야기가 주는 치유를 경험한다.

이제니 시인의 산문집 《새벽과 음악》으로 가졌던 새벽 모임이 계기가 되어 새벽 음악 플레이리스트도 따로 생겼다. '음악만이 유일한 위안이라고 썼던 새벽의 아픈 당신에게'라는 헌사로 시작하는 산문을 읽기 시작한 지 30분 만에 이 책을 새벽 모임으로 나눠야겠다는 결심을 했다. 한겨울에 만나 책 속에 시인이 따로 정리해 둔 '새벽 낚시를 위한 플레이리스트'를 모여 앉아 들었다. 우리는 새벽에 시를 읽는 누군가에게 쓴 시인의 문장을 돌아가며 낭독했다.

"깊은 새벽, 시를 읽는 당신을 생각합니다. 당신은 당신을 살린 문장을 읽습니다. 당신은 당신을 살릴 문장을 써 내려갑니다…"

아직 아침 해가 찾아오지 않은 검푸른 하늘을 바라보며 폴란드 피아니스트 하니아 라니의 〈At dawn〉을 시작으로 시인을 스무 살 시절로 데려갔던 메탈리카의 〈Nothing else matters〉를 듣게 되었을 때쯤 우리 역시 시간 여행자가 되어 올드 팝과 올드 록을 듣던 시절로 돌아갔다. 시와 음악으로 눈물을 흘렸다. 과거와 오늘 사이의 간극, 묻어두었던 그 시절과 마주하며 느낀 복합적인 감정이 추억과 함께 쏟아져 나왔기 때문이 아니었을까? 이제 《새벽과 음악》 책 표지만 바라보아도 시인의 문장을 걸음걸음 따라가며 귀를 활짝 열어두고 의식의 흐름을 음악 선율에 맡겨 두었던 그 새벽 모임을 떠올리게 된다.

모임 안에 오롯하게 머무는 시간, 문자와 전화, 알람의 족쇄에서 벗어난 시간, 자유의 외연을 넓힐 수 있는 시간. 작은 책방의 새벽 시간 속에서는 좀 더 자유로워져도 괜찮다.

작은 책방의 첫 북페어

지역을 벗어나 넓은 자리에서 책방을 알리고 싶다는 마음으로 '제주북페어'를 신청했다. 신청서 양식에 책방 사진을 올리고, 책방 소개 글과 판매 예정인 독립 출판물 그리고 굿즈 소개 글을 기재했다. 그러다 '참가 업체를 소개해 주세요'라는 문항에 멈칫했다. 책방 소개를 위해 주어진 글자수는 500자 미만. 그 누구보다 잘 알고 있는 책방을 행사 기획자와 방문객 입장에서 적는 일은 간단하지 않았다. 익숙한 것도 새로운 맥락 위에 가져다 놓으면 낯설게 보는 기회가 된다. 서너 가지 문항을 통해 공간의 정체성, 주요 판매 도서와 아이템을 간단명료하게 정리하는 데 이틀이 걸렸다. 전국에서 모이는 규모 있는 행사라 '혹시나' 하는 마음으로 가볍게 신청했지만, 신청서를 적는 동안에 '꼭 참여해 보고 싶다'라는 바람으로 바뀌었다.

몇 주 뒤 '제주북페어 참여 업체로 선정되었습니다'라는 메일을 받았다. 곧바로 제주행 비행기표와 숙소를 알아보았다. 벚꽃이 절정인 3월 말이라 숙소 예약이 걱정스러웠다. 다행히 한라체육관 근처 1박에 10만 원이 되지 않는 게스트 하우스를 찾았다. 여행이 아니라 출장으로 제주 방문 일정을 준비하는 상황이 얼떨떨하면서도 설렜다. 부랴부랴 가져갈 입간판과 로고 스티커, 봉투를 제작했다. 북페어 SNS 홍보용으로 제출할 아이패드 드로잉 엽서를 만들었다. 천천히 작업하고 있던 꼬마 책방지기의 여행 일기 《안녕 햇살, 나는 도쿄》 편집을 마무리하고 인쇄소로 넘겼다. 그동안 모아두었던 여유 자금 50만 원을 북페어에서 판매할 굿즈와 책 인쇄 비용에 보탰다. 신기하게도 마감이 코앞으로 다가오면 나도 모르던 자투리 시간과 에너지가 모였다.

시간이 지날수록 큐레이션 도서 목록을 짜는 일은 더하는 것이 아니라 '덜어내기'의 과정이라는 걸 느낀다. 나라는 사람의 체력적 한계(책 무게를 고려해서 옮길 수 있는 만큼만 챙긴다), 진열할 수 있는 공간의 한계(어차피 다 소개할 수 없으니 주력 도서에 집중한다)를 고려해야 한다. 그렇지 않고 많이 팔고 싶다는 마음이 먼저 앞서면 내가 채워야 할 부스의 콘셉트, 그에 맞는 추천 도서의 결이 불명확해지기 쉬웠다. 책방지기가 소화하지 못하는 책은 주인을 만나기 어려웠고 고스란히 들고 돌아오는 경우가 많았다.

추천 도서와 직접 제작한 독립 출판물과 함께 로고 밀크컵과 로고 펜, 로고 연필을 판매용 굿즈로 정했다. 북페어에 책은 많을 테니 책방의 분위기를 담은 굿즈를 소개하는 것도 괜찮을 것 같았다. 버찌책방이라는 공간의 이름과 로고를 먼저 알리자는 생각이 컸다. 추천 책과 굿즈를 단단히 포장해서 북페어 장소로 택배 상자를 부쳤다.

북페어 첫째 날 아침, 하천에 활짝 핀 동백과 벚꽃을 따라 캐리어를 끌고 북페어로 향했다. 입장하자마자 한라체육관의 규모와 수많은 부스가 뿜어내는 아우라에 잠시 압도되었다. 150여 개 부스로 가득 찬 북페어는 어마어마한 은하계였다. 부스 하나하나 고유한 이야기를 품은 우주였다. 창작자, 출판사, 책방 각자의 세계관을 담은 콘텐츠를 얼마나 매력적으로 보여줄 수 있을지, 판매 상품에 어떤 서비스(체험 행사)를 녹여낼 수 있을지가 '셀링포인트'였다. 일 미터 접이식 테이블을 나만의 창작물과 스토리로 채운다면 과연 무엇을, 어떻게 보여줄 수 있을까? 순식간에 주눅이 들어 시선을 어디에 두어야 할지 혼란스러웠다.

제주 여행으로 신이 난 꼬마 책방지기와 버찌책방 부스를 찾았다. 부스는 입구에서 한참 걸어야 하는 안쪽에 위치해 있었다. 아차차, 나름 챙긴다고 했지만 놓친 부분이 있었다. 북페어 주최 측에서 제공하는 기본 사항을 꼼꼼히 살피고 사전에 부스 모습을 좀 더 구체적으로 그려 봤어야 했다. 이동식 책방 경험이 충분했다고 믿었던 것은 자만이었다. 부스 뒤쪽 벽에 걸어둘 현수막을 전혀 생각하지 못했다. 멀리서도 눈에 띌 수 있도록 참가 업체를 소개하는 이미지를 담은 배경이 없어 등지고 있는 다른 참가 부스의 뒷모습이 그대로 드러났다. 책방의 무드를 담은 배경이 없으니 부스가 눈에 띌 리 없었다. 임시방편으로 책 봉투 여러 개를 이어 붙여 A1 사이즈의 부스 배경 현수막을 만들었다. 이 행사를 위해 제작한 책 봉투 디자인은 아이가 필름 카메라로 찍은 사진이었다. 도쿄의 파란 하늘을 담은 사진으로 제작한 책 봉투를 스무 장 넘게 붙이니 제법 그럴싸한 배경이 되었다. 수많은 창작자 사이에서 부스를 차리는 내내 손에 식은땀이 가득 찼다.

다음에는 버찌책방의 첫인상을 전하는 환대가 느껴지는 첫인사 멘트를 고민하고 다듬었다. '안녕하세요'보다 '어서 오세요', '대전에 있는 작은 책방입니다'보다 '직접 지은 전원주택 1층에서 책방을 하는 대전 버찌책방입니다'로 멘트를 정리했다.

제주북페어라는 은하계에 함께 할 수 있다는 것만으로 작은 책방에 큰 기회라는 생각이 들었다. 게다가 북페어에서 많이 받은 질문으로 버찌책방을 전혀 모르는 이들의 시선에서 새롭게 버찌책방을 읽는 기회를 얻었다.

"버찌책방은 어디에 있나요?" 뭍에 있는 책방, 관광지에서 벗어난 책방으로서 접근성의 한계가 있지만 북토크, 독서 모임, 전시가 있는 전원주택 책방 자체로는 가보고 싶다는 매력이 분명했다.

"독립 출판도 직접 하세요?" 아홉 살 꼬마 책방지기의 여행 일기, 불안 장애 치료 과정을 담은 돌고래 책방지기의 그림책 에세이에 관심과 공감이 있었다. 결국 독자들은 책방만의 고유한 이야기가 궁금했던 것이다.

"커피도 같이 하시고요?" 드립백 판매가 좋았다. 다만 재고 부족으로 둘째 날에 전부 소진됐다.

"추천 책이 궁금해요." 책 무게 문제로 버찌책방 추천 도서 4종을 각각 4~5부씩 단출하게 챙겨갔는데 책방지기의 추천 설명을 듣는 분께 판매가 수월했다.

이틀 동안 비슷한 질문에 대답을 반복하며 책방지기 스스로 공간을 명확히 정리할 수 있었다. 우산봉 아래 작은 책방, 우리 공간만의 매력은 무엇인가? 질문에 망설임 없이 대답할 수 있을 때까지 앞으로도 책과 문화 공간으로서의 이력을 차곡차곡 쌓아야겠다는 생각이 들었다.

당시 열 살이었던 꼬마 책방지기는 북페어 최연소 창작자였을 것이다. 이틀 동안 엄마가 부스를 지키는 내내 아이는 페어 이곳저곳을 돌아다니며 자유롭게 놀았다. 독립 출판물

《안녕 햇살, 나는 도쿄》를 구매하는 손님에게 쿨내 진동하는 사인을 해주느라 고사리손이 꽤 분주할 때도 있었다. 어린이 책방지기가 계산과 사인을 하는 모습이 기특하고 신기했는지 또래 어린이와 부모 손님들이 많은 관심을 보였다.

"카드 수수료 많이 나가요. 볼펜은 현금으로 결제해 주세요." 자영업자의 심정을 담은 꼬마 책방지기의 명언이다. 내색하지 못하는 엄마 책방지기의 속마음을 대신 드러내는 아이의 모습이 피로를 잊게 해주었다. 대부분의 손님은 어린이 책방지기의 야무진 응대에 너그러이 반응했다. 한참 동안 책이 팔리지 않으면 "실컷 만져보고는 왜 안 사가!"라고 화내면서 속상한 티를 팍팍 내기도 했다.

배우자 돌고래 씨는 책방지기의 빈자리를 든든하게 지켰다. 정신과 약을 끊긴 했어도 종일 낯선 사람 들락거리는 자리를 지키는 일이 버겁게 느껴질까 염려했다. 그런데 나의 앞선 걱정은 기우에 불과했다.

"책방은 잘 돌아가고 있으니 걱정하지 말고 다녀와요. 이왕 간 김에 여행 갔다고 생각해요!"

제주도에서 토요일 아침 '고전 읽기 모임 일상생활'이 감동의 도가니였다는 책벗들의 후기를 받았다. 돌고래 씨가 직접 내어주는 드립 커피, 책 구매 인증 스토리 제보가 끊이질 않았다. 대전에서 보내주는 격려에 한라체육관 65번 부스를 지키는 부담을 절반으로 덜 수 있었다. 낯선 장소에서 부스 지키는 시간이 쓸쓸하지 않았다.

실패는 아직 보이지 않는 가능성을 여는 문이다.

《자기만의 일》의 저자 니시무라 요시아키는 말했다. 새로운 일에 쓰이는 새로운 방법, 그 방법의 최초의 모습은 바로 '실패'라고. 새로운 것을 만들어 내는 과정에서 겪는 실패를 통해 배움은 쌓인다. 새롭게 얻은 경험을 발판 삼아 시도하는 일은 발전할 가능성을 얻는다.

첫 북페어 참여를 하루 매출과 여행 경비라는 경제적 관점에서 평가한다면 솔직히 '처참한 실패'라고 볼 수도 있다. 그렇지만 실패할 확률을 셈하면서 시도조차 하지 않았다면 이틀 동안의 경험을 축적할 수 있었을까? 국내에서 손꼽는 규모의 북페어 참가 명단에 버찌책방의 자리를 만들고 창작자들과 나란히 현장에 있었다는 사실만으로 충분하지 않을까? 효용만으로 북페어 출전 경험의 가치를 평가하기엔 깨달은 것이 너무 많다.

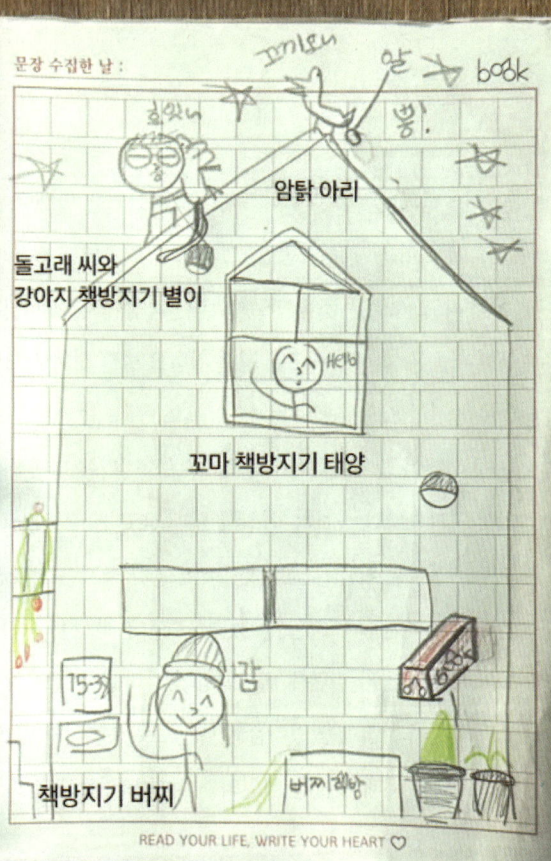

우산봉 아래 숨은
별빛집 1층 버찌책방

(꼬마 책방지기 태양 그림❤️)

5부

종이책 인류애

진메마을에 사는 섬진강 시인

김용택 선생님께

선생님, 안녕하세요? 이번 북토크는 후기가 아니라 직접 선생님께 편지글로 적어보고 싶었습니다.

가끔 어스름한 새벽, 지저귀는 새소리에 눈을 뜹니다. 천장을 바라본 채 가만히 누워 있으면 선생님 계신 진메마을이 떠올라요. 온갖 새들이 노래하고 섬진강 상류의 유리같이 투명한 물이 흐르는 시골 마을에서 지금쯤 선생님께서는 무얼 하고 계실까? 뉴스를 보신 뒤에 일기를 쓰고 계시겠지. 고양이 보리는 슬금슬금 걸어 다니다가 마당이 보이는 커다란 창가에 누워 있겠지. 사모님과 도란도란 대화를 나누시다가 '아내의 말'을 적기도 하시겠지.

2020년 처음 북토크에서 뵌 뒤로 매년 대전에 있는 책방을 직접 찾아주셨잖아요. 오실 때마다 제일 먼저 해주시는 말씀은 한결같았어요.

"뉴스를 보고, 일기를 씁니다."

"아침밥은 누룽지로 가볍게 먹고."

"새를 관찰하려고 사진 찍으러 아침 산책을 해요. 그리고 책을 읽지요.《종의 기원》,《사피엔스》같이 정말 중요한 책."

책방과 진메마을 선생님 댁에서 뵈었던 추억이 켜켜이 쌓여 이제는 책장에 꽂혀 있는 시집 책등만 보아도 읽고 쓰고 유유히 걷고 계실 선생님 모습이 저절로 그려집니다. 몸에 깊숙이 배어 오랫동안 해오신 소박하지만 단단한 78세 시인의 일상생활은 두고두고 저에게 힘이 되었답니다.

혼자 책방 안에서 책으로 셈을 하다 보면 온갖 잡념이 들어요. 지난 12월 사회적으로 혼란스러운 분위기가 지속되면서 책방에 손님이 많이 줄었습니다. 당연한 현상이지만 책방이 곧 생계인 저에게 당연한 상황은 아니었어요. 겨우내 몸도 마음도 웅크리고 있다가 선생님의 새 책《사랑 말고는 뛰지 말자》를 받는 순간 경칩을 맞은 개구리처럼 마음이 '폴짝' 뛰었어요. 선생님을 쏙 빼닮은 풀잎과 이슬 같은 책이었습니다.

영업시간 동안 책방지기에게 책방 문은 정말 무겁게 느껴져요. 이 안에 있으면 SNS로 소식 공유하랴, 책 정리하랴, 단한 분의 손님이라도 공간에 함께 있을 땐 신경이 쓰일 수밖에 없으니 햇볕 쬘 마음의 여유를 갖기 어려웠습니다. 선생님의 새 책 덕분에 새로운 일과가 생겼답니다. 틈틈이 선생님의 글을 읽다가 책방 밖 바깥 공기를 마시는 짧은 루틴이지요.

3월부터 묵직한 책방 문을 열고 '가뿐가뿐 바람처럼' 잠시 밖으로 나가기 시작했습니다. 선생님의 글이 책방지기의 무거운 엉덩이를 일으켜 주었어요. 아주 잠깐이라도 하늘을 바라보고, 새와 나무에 인사를 건네는 틈새 시간을 만들어 보려고 저 자신을 살살 달래가면서요. 잎을 통해 나무가 영양분을 섭취하는 것처럼 제 눈과 귀, 코와 피부에 닿은 책방 주변의 자연이 선물처럼 다가올 때, 좀 더 가벼워진 마음과 발걸음으로 제자리를 찾아 돌아갑니다. 도대체 산이랑 강, 나무와 꽃, 별과 달보다 중한 게 뭐라고. 선생님 책 제목처럼 다짐했어요. '사랑 말고는 뛰지 말자!'

북토크에서 "할 일이 너무 없는 조용한 시골 마을에서 할 일이 너무나 많다."라고 말씀하셨을 때, 두 눈이 휘둥그레지면서 맑아졌어요. 세상을 향한 호기심과 애정이 흘러넘치는 선생님 곁에서 까마득히 어린 저의 불안과 염려는 몰래 종이접기 하듯 접어서 종이비행기처럼 날려 버렸지요. 카운터 뒤에서 이유 모를 눈물이 났는데요. 눈가와 볼을 타고 흐르는 눈물이 따뜻해서 마를 때까지 그냥 두었어요. 해야 하는 일에 파묻혀 살면서 우는 법을 잊고 살았거든요. 시에 감응하며 몸이 반응하는 것을 비로소 경험했습니다.

2020년 난다 출판사와 함께 한 첫 북토크가 5년이 지났어요. 엊그제 선생님의 시집으로 행사를 진행했지요. 처음 뵀을 때 메고 오셨던 작은 갈색 가방을 들고 오셨더라고요. 망가진 곳 없이 그대로인 가방을 책방 바닥에 두신 걸 보았어요. 행사가 끝날 무렵 선생님께서 사인 준비하고 계실 때 바닥에 놓인 가방이 더러워질까 싶어 테이블 위에 놓았지요. 세월의 흔적이 묻은 깨끗한 가방을 잠깐 어루만져 보았어요. 그동안 저와 책방은 처음 뵈었던 2020년에서부터 한참 멀리 떠나온 것 같아요. 선생님께서는 늘 한결같은 모습으로 따뜻한 격려를 보내주셨지요. 언제나 책방 걱정, 꼬마 책방지기 걱정을 해주셨어요. 선생님께 단 한 번도 '아주 잘 지내고 있습니다'라고 시원하게 대답하지 못해 죄송할 뿐입니다.

"행복이라는 단어는 좋아하지 않고 쓰지도 않지만…, 이렇게 내 책을 사주시고 앉아계신 모습을 보니 행복하긴 하네요." 북토크에 모인 사람들을 바라보시면서 환하게 웃으셨지요. '독자를 만나는 자리가 곧 행복'이라는 말씀을 잊지 않을게요. 선생님 시집을 나누며 오래오래 책방을 지키겠습니다.

매년 출간하신 책을 읽고 만나 뵌 시간이 씨앗이 되어 제 안에서 하나둘 싹트는 걸 느껴요. 가로등 없는 어둠 속에서 별을 바라보며 위안을 얻고, 창을 통해 집안에 들어온 화사한 달빛을 하얀 이불 삼아 마룻바닥에 드러눕고, 돌 틈에 피어난 들꽃과 들풀에 감탄하며 인사하는 사람으로 변해가고 있

어요. 서울, 서울을 외치며 서울 출신이라고 강조했던 과거의 제가 부끄러울 정도로 대전 변두리 양지마을에서 작은 서점을 하는 삶을 무엇보다 소중히 여기게 되었습니다.

"책은 뭐가 되려고 읽는 게 아니에요. 지금 하고 있는 일을 잘하기 위해 읽는 것이지요."

독서에 대해 선생님께서 늘 해주시던 말씀은 책방의 밑거름이자 함께 읽는 벗들에게 동력이 되고 있어요. 어떤 상태에 도달하고자 하는 목적 지향의 독서가 아닌 순수하게 읽는 기쁨을 향유하는 독서. 맡은 살림을 묵묵히 해내며 즐겁게 《종의 기원》을 세 번이나 읽으신 섬진강 시인 부부의 모습을 마중물 삼아 슬픈 세상 속에 함께 읽는 기쁨을 나누며 살고 싶어졌습니다.

오늘은 선생님께서 '인간의 정신을 일깨우는 운동, 아름다운 우주의 섭리'라고 하신 춘분입니다. "요즘은 아침에 깨어날 때가 참 좋다."고 하셨던 선생님, 어떤 새와 아침 인사를 나누셨을까요? 나뭇가지에 숨어 있는 꽃망울에서 어떤 봄소식을 들으셨을까요? 이틀 전에 뵈었어도 여전히 선생님의 목소리, 유머와 쓴소리 모두 모두 그리운 아침입니다.

감사합니다, 존경합니다, 사랑합니다. 선생님.

                2025년 3월 20일   버찌책방 조예은 드림

그 책을 다 읽었다는 착각

책 입고 소식을 올리기 위해 새로 입고된 책을 테이블 위에 쌓아두고 사진을 찍다가 문득 소리 없는 비명을 지르곤 한다. 맙소사! 내가 이번 주에 주문한 책이 이렇게나 많다고? 읽고 싶은 책, 갖고 싶은 책은 일단 눈으로 보고 손으로 쥐어 보아야 하는 급한 성미 때문에 책방에는 책장 크기에 비해 책 재고가 늘 초과 상태다. 어쩐지, 며칠 전까지만 해도 분명히 통장에 돈이 있었는데 다시 비어 있다. 야금야금 책을 주문하다 보니 잔고는 늘 제자리.

개인적으로 사들이는 책이 늘어나는 속도와 완독하는 책이 쌓여가는 속도가 비례해 본 적이 없다. 구미가 당기는 새 책은 끊임없이 나오지만 전부 소화하기란 불가능하다. 소화하지 못하는 책, 읽지 않은 책은 가져다 두어도 손님들에게 큰 관심을 받지 못한다. 한정판, 베스트셀러를 욕심내서 가져다 두고 손님들에게 적당히 '좋다'고 추천하다가 양심에 찔려

냅다 자리를 뺀 적도 여러 번이다. 작은 책방에서 책을 산다는 것은 결국 사람과 이야기를 통해 결정된다는 것임을 이제는 확실히 안다.

효과적인 책 영업 비법은 책방지기가 열심히 읽고 흔적을 남긴 샘플북이다. "사장님, 얼마나 재밌길래 이렇게 밑줄이 많아요?" 또 최고의 영업 사원은 함께 읽었던 책 친구들이다. "이 책, 정말 끝내줘요! 작가님 글 완전 좋아요!" 샘플북을 본 손님들의 반응과 책 친구의 감탄 가득한 말 한마디가 책방 주인의 구구절절 책 설명보다 힘이 셀 때가 많다.

책 욕심을 멈출 수 없는 사람의 테이블에는 신간, 독서 모임 책 등 여러 이유로 새 책이 가득 쌓여있다. 그렇지만 제아무리 책을 덕질하는 책방지기라도 관심이 시들해지는 '책태기(책+권태기)'가 온다. '읽고 싶다'라는 마음만큼 '어떻게 팔아야 하나'라는 고민이 함께 들기 때문이다. 그분(?)이 오면 개인 책장으로 향한다. 읽었던 흔적이 가득한 책장 속 목록을 쭉 훑곤 한다. 서가 앞에서 기억을 한참 더듬다 결국 꺼내 다시 읽어 본다. 엇, 첫 문장부터 처음 만난 책을 펼치는 것 마냥 생소하다. 인덱스 테이프가 페이지 사이사이에 붙어있고 어디를 펼쳐도 밑줄과 형광펜이 그어져 있는 분명히 '읽은 책'인데! 심지어 재밌게 읽었다고 기억하는데 첫 페이지부터 읽어본 적 없는 느낌이 들어 나 자신에게 얼마나 경악했던지!

소설가 파트리크 쥐스킨트도 단편 모음집《깊이에의 강요》에 수록된 에세이 '문학의 건망증'에서 읽은 책에 해두었던 메모를 기억하지 못하는 자신을 향한 충격을 재치 있게 묘사하고 있다.

> 그런데 이런, (…) 그것은 내게 아주 친숙한 필체, 바로 내 자신의 필체였다. 앞서 책을 읽은 사람은 다름 아닌 바로 나 자신이었다. (…) 깨달으려는 모든 노력, 아니 모든 노력 그 자체가 헛되다는 데서 오는 체념의 파고가 휘몰아친다. 조금만 시간이 흘러도 기억의 그림자조차 남아있지 않다는 것을 안다면, 도대체 왜 글을 읽는단 말인가.

송두리째 사라져 '무(無)'가 되어버린 과거의 독서는 우리 시대 대표 작가인 파트리크 쥐스킨트를 무엇 때문에 사느냐는 고민까지 하게 만든다. 과연 읽은 책이 기억 속에서 희미해져 간다면 우리 삶에 아무 영향도 미치지 않는 것일까?

다시 읽기를 시작한 뒤로 어떤 책을 읽어도 '다 읽었다'라는 말을 먼저 꺼내지 않게 되었다. 읽으면 읽을수록 알고 있다고 믿게 되는 것이 늘어나기는커녕 줄어들고 있다. 오히려 읽으면 읽을수록 내가 모르는 것이 여전히 많다는 걸 깨닫는다. 무지의 깨달음으로 읽었던 책을 다시 읽게 되고 과거 흔적이 담긴 낡은 종이 위에서 깨달음을 또 얻는다. 기억하지 못했다는 자기반성과 읽던 책도 새 책처럼 느껴지는 신선한 설렘 그 사이 행간 어딘가에서 서성이며 오늘 내 마음을 설명해 주는 문장을 발견하고 밑줄을 긋는다.

"읽고 쓰는 전문가들이 좋다고 하는 고전, 저도 다 읽었거든요. 분명히 읽은 부분인데 다음날 다시 펼쳐보면 하나도 기억나질 않는 거예요. 그럴 때마다 '내가 지금 읽는 게 맞는지', '어차피 까먹을 거 이런 벽돌 책을 열심히 읽어 뭐 하나' 하는 생각마저 들어요."

책방에서 진행했던 어느 저자와의 만남에서 질의응답 시간에 나온 질문이었다. 어차피 완전히 소화하지도 못할 책을 왜 열심히 읽냐는 독자의 물음에 당시 평생 글을 써온 노년의 작가는 이렇게 답했다.

"나도 기억 못 해요. 이 세상에 그 누구도 읽은 책을 모두 기억하지는 못할걸요. 그래서 같은 책을 다시 읽고 또 읽는 거죠. 책의 내용을 세세하게 머릿속에서 기억할 수는 없어도 몸은 기억합니다. 좋은 책을 읽었을 때의 감동, 몸은 그 느낌을 알고 있어요."

일본의 저명한 철학자 우치다 다쓰루를 만난 연구자 박동섭은 《우치다 선생에게 배우는 법》에서 'unlearn'이라는 단어를 소개한다. 배우다라는 의미의 'learn'에 반대의 의미가 있는 접두어 'un'이 붙은 단어의 사전적 정의에는 배움의 반대 개념 이상으로 확장된 의미가 담겨있었다. '평소에 늘 해오던 방식을 애써 잊고자 노력함. 그럼으로써 새로운 것을 배운다든지 때로는 더 나은 방식으로 배우고자 함'. 배움의 새로운 방향과 깊이를 제시하는 능동적인 단어였다. 사실 이 책도 4년 만에 다시 읽었다. 책 속 구체적인 내용은 기억나지 않았지만(분명 완독한 책이다!) 쓰고 있는 주제와 어쩐지 접점이 있을 것 같다는 '감'으로 펼쳐보았다. 4년이라는 시간을 지나오고 지금 이 글을 쓰는 오늘의 나는 형광펜으로 표시해 두었던 unlearn이라는 단어와 만나 의미를 재발견한다. learn과 unlearn 사이에서, 물음표와 느낌표 사이에서 왕복운동을 해온 독서 여정을 되돌아본다.

읽은 기억이 희미해진 과거의 독서 목록 앞에서 자기 의심과 회의가 몰려올 때, 무지와 한계를 느낄 때, 그 순간이 바로 앎의 지평이 열리고 넓어지는 깨달음의 순간이 아닐까? 진정한 배움은 머리에 책 속 지식을 수집하는 일 너머로 나아가기 위해 왔던 길을 돌아보고 익숙하다고 생각하는 대상도 낯설게 보는 과정이고, 그 과정 자체가 곧 지혜로 영글어가는 길이기도 하다. 그래서 기억력의 한계 앞에서 좌절을 경험한 독자는 다시 읽으며 책 속 언어를 자기 언어로 가져올 준비가 된 가능성을 품은 독자인 것이다.

다시 읽을 거라는 확신이 들지 않는 책을 정리해서 중고 서점에 판 적이 있다. 처음 읽었을 당시 감흥을 느끼지 못하고 서재에서 강퇴당했던 책들은 유명 저자의 추천, 인플루언서의 리뷰나 출판사 책 소개에 혹해서 산 경우가 대부분이다. 그런데 문득 다시 읽고 싶어지는 경우가 생긴다. '아, 맞다! 그 책!' 중고 서점으로 가거나 새 책으로 다시 주문한다. 결국 읽을 운명이었던 책, 집 나갔다가 돌아온 책은 괜히 더 반갑고 소중하다. 완독하지 않은 책이어도 삶이 부르면 펼쳐야 할 때가 분명히 온다.

읽는 사람의 어떤 시기에 만나느냐에 따라 고정불변의 종이 묶음도 전혀 다른 느낌의 서사로 변신한다는 걸 알아간다. 마지막 페이지까지 읽고 덮어둔 '읽은' 책이라 할지라도 책에 관한 대화를 나눌 때마다 새로운 책으로 거듭 변한다. 만나는 사람에 따라, 오늘 나의 마음 컨디션이나 사고 흐름에 따라 책 속 이야기는 무한히 달라진다.

최소 2년, 길게는 5년 전에 읽었던 작품들을 내 기억력의 한계에 놀라며 처음 만난 것처럼 읽는다. 하나씩 떨어뜨린 조약돌을 따라 집으로 돌아오는 길을 찾는 헨젤과 그레텔처럼 내가 남긴 흔적을 쫓아 다시 돌아오는 기분이다. '다시 읽기'는 우리가 알고 있다는 착각에서 벗어날 수 있는 자기 성찰의 시간이자 독서 생활의 중간 점검 의식과 같다.

책을 향한 구애라고나 할까? 읽는 사람으로 사는 동안 망각은 계속 일어날 것이기에 읽는 사람이 누리는 기쁨도 끝이 없을 것 같다. 이번 주 다시 읽은 책 면지에 적어둔 2021.6이라는 숫자 아래 2025.3이라는 숫자를 적다가 든 생각이다.

함께 울어주는 사람들

2021년 10월 31일에서 2023년 4월 5일까지 책방 첫 시즌을 종료하고 두 번째 공간을 열기까지 약 1년 반이라는 시간이 걸렸다. 공간이 없어진 작은 책방의 SNS 계정도 쓸모를 잃을 거라고 걱정했다. 책방이라는 공간이 없으면 그동안 인연을 맺은 사람들이 내 곁을 떠날 거라 걱정하며 매일 팔로워 수를 매일 확인했다. 오프라인 활동을 쉬면서 찾아온 시간과 에너지의 공백은 불안과 걱정으로 채워졌다.

그런데 이상했다. '버찌책방 시즌 1을 종료합니다'라고 공지한 날 이후 SNS 팔로워 숫자는 줄어들지 않았다. 오히려 조금씩 늘었다. 게다가 여전히 책방지기 추천 도서를 주문하는 사람들이 있었다. 손이 빠르지 못한 책방지기의 답장이나 책 발송 속도에 대해 불평하는 손님도 없었다. 이 책은 꼭 버찌책방에서 사고 싶다며 책방지기가 추천하는 책을 읽고 싶다는 연락을 받고 방구석에서 마음이 일렁인 적이 여러 번이다. 심지어 책방지기가 보고 싶다며 동네로 찾아와 커피를 사주는 손님까지 있었다.

2년 2개월 동안 쌓았던 책방 첫 번째 시즌의 시간은 증발하지 않았다. 그들은 버찌책방의 온기를 추억했다. SNS 공간에 '좋아요' 버튼을 누르거나 짧은 메시지로 안부를 주고받는 관계도 생겼다. 덕분에 막연하게 느껴졌던 이동식 책방과 집 짓기의 수많은 과정이 구체적인 한 걸음이 될 수 있었다.

책방을 찾는 방문객 수에 비해 유난히 책 구매가 적은 날이었다. 펼쳐서 읽다가 놓고 가는 바람에 자국이 남은 책이 약 45도 각도로 벌어진 채 자리에 놓여있었다. 망가진 책을 뒤늦게 발견하고 마음에 파도가 치기 시작했다. 속상한 마음에 상처 입은 책을 사진 찍어 인스타그램 스토리에 올렸다. "판매하는 책을 이렇게 함부로 다루고 그냥 가시면 작은 책방은 손해가 막심합니다.ㅠㅠ" 답답한 마음을 누구라도 알아주길 바랐다.

30분 정도 지났을까? 망가진 책 스토리로 메시지를 받았다. 종종 책방을 들러주시던 손님이었다.

"제가 다 속상하네요. 책방 사정을 알면 책을 그렇게 할 수가 없는데…. 그 책 제가 살게요." 감사하다고 답장을 보낸 지 5분 정도 지났을 때쯤 다른 손님으로부터 메시지가 왔다. "그 책, 제가 살게요. 전부터 책방에서 볼 때마다 읽고 싶었던 책이에요. 보관해 주세요."

구겨진 책을 물끄러미 바라보았다. 이건 또 무슨 경우란 말인지. 새 책도 아니고 망가진 책을 너도나도 사겠다는 손님들의 반응 앞에서 잠시 숙연해졌다. 최대한 구겨진 부분을 펴보기 위해 책을 살살 쓰다듬었다. 어느새 원망이 씩씩거리던 곳에 감사하는 마음이 자리를 잡았다.

책방 안에서 겪는 슬픔은 그것을 다독여주는 관계 덕에 회복되었고 스스로 돌파하는 힘으로 거듭났다. '구매 후 읽어주세요', '망가지면 판매가 어렵습니다' 등 '책방 이용 안내문'을 적어 책방 입구에 용기 있게 붙인 것이다. 처음 온 손님에게 안내문을 읽어보라는 말도 건넬 수 있게 되었다. 불과 1~2년 전까지만 해도 '책이 망가지니 조심해서 보라'는 말조차 쉽사리 꺼내지 못했던 나였다.

책방을 하면서 나도 모르는 사이 새로운 노력을 알게 되었다. 상처를 드러내는 법, 거절하는 법, 노(NO)력의 노하우를 책방을 통해 만난 사람들 곁에서 터득해 가는 중이다. 언니 경험이 거의 없는 나에게 '언니'가 되어 준 인연들로부터 배운 '노(no)력'은 따뜻한 말 한마디에서 시작했다. "요즘은 좀 어때요?", "진짜 힘들었겠네.", "밥은 먹었어요?", "많이 팔렸으면 좋겠네." 나보다 나이가 어린 언니부터 엄마뻘 되는 언니까지 작은 책방의 사정을 이해하고 아픔에 함께 아파해 주는 그들의 고운 마음은 위대했다. 물리적 거리를 마음의 거리로 뛰어넘은 책벗들이다.

"버찌 님, 잘 지내셨어요?" 오랜 책방 친구 Y 님이 환한 얼굴로 책방 문을 열고 들어왔다. 우리는 늘 악수와 하이파이브 중간 정도 되는 손 인사로 반가움을 한껏 표현한 뒤 대화를 시작한다. 책을 무척 좋아하는 중학생이었던 Y 님은 시험이 끝난 날이면 어김없이 책방을 찾았었고, 새롭게 알게 된 작가와 작품에 대한 이야기를 주고받느라 시간 가는 줄 몰랐다. 문학평론가라는 꿈을 위해 서울에 있는 대학 국문과에 진학한 후로도 부모님 댁에 내려올 때마다 일부러 책방을 찾는다. 추억이 깃든 공간과 사람의 안녕을 눈으로 확인하려는 청년의 마음이 무척 고맙다. "이 책 정말 좋은데… 뭐라도 책방에 도움이 되면 좋겠어요."라며 '책방 친구 Y의 추천 도서' 손글씨 코멘트를 적어놓고 간다. 서가 곳곳에 놓인 Y 님의 손글씨를 보며 앞으로도 버찌책방이 이곳에 있어야 할 이유를 알 것만 같다.

얼마 전 Y 님이 좋아하는 글귀를 적은 책을 선물해 주었다. 싱어송라이터 조동희의 〈시절 사전〉 가사 일부였다.

사랑: 네가 더 빛나고 편해지길 빌어주는 것
의심 없이, 계산 없이, 아무 상관 없이

스마트폰이 연달아 울린다. 인스타그램 알람이다. 몇 주 전 추천 도서를 사갔던 손님이다. 아, 잘 읽고 계시는구나. 안심한다. 드르릉. 그 다음 태그는 몇 시간 전 책방에 들렀던 손님의 방문 인증. 많은 대화를 나누진 않았지만 마음에 드셨다니 다행이다. 드르릉. 이번에는 온라인 필사모임을 함께 하고 있는 다른 지역에 사는 손님. 아, 오늘 필사는 이 부분이 마음에 드셨구나.

책방이 걸어온 시간을 함께 해오며 연결된 책벗들과 SNS의 스토리와 태그로 이어져 있다. SNS 태그는 마음의 실이다. 책방에서 산 책과 굿즈, 책갈피를 정성껏 사진으로 담아 안부를 건넨다. 6년째 일일 책 판매량에 일희일비하는 나약한 존재에게 그들이 공유하는 기록은 공간의 항상성을 지켜주는 버팀목이다. 애정 어린 부름에 책방을 지키는 시간이 흘려보내는 '크로노스'에서 의미가 담긴 '카이로스'의 시간으로 거듭난다. 드르릉. 진동이 또 울린다.

"버찌, 이 책 봤어요? 버찌 생각나서."

마이라 칼만의 화집 《우리가 인생에서 가진 것들》이다. 입가에 미소가 절로 생긴다. 남은 하루를 살아갈 문장을 선물 받았다.

당신은 내가 가장 소중히 여기는 것을 들고 있군요. 한 권의 책을요. 무언가를 붙들어야 한다면, 바로 이것이죠. 꼭 잡아요, 사랑하는 친구여. 꼭 붙잡아요.

자주 얼어붙는 마음은 인류애로 충전하며 녹기를 반복한다. 책방지기가 혼자 울게 두지 않는 사람들이 있다.

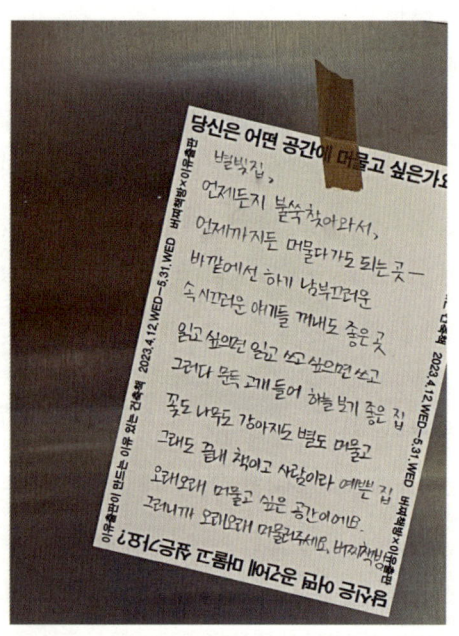

웰컴 투 그림책 월드

버찌책방 서가에 그림책의 비중은 사십 퍼센트 정도이고 입구 바로 맞은편 책장으로 꽉 찬 벽에는 그림책이 천장부터 바닥까지 전면 진열되어 있다. 책방지기 개인적으로 주목하는 신간, 신간과 함께 읽기 좋은 그림책, 계절에 어울리는 그림책이나 좋아하는 작가의 그림책, 사회적 메시지를 담은 그림책으로 매주 조금씩 변화를 준다. 전면 진열된 그림책 표지만 살펴보는 데도 시간이 제법 걸린다. 조금 더 정성껏 들여다본다면 작은 갤러리의 전시 하나 감상하는 정도와 맞먹는 수준의 경험이 될 것이다.

갓난아기를 안고 마트에 갈 때마다 근처 서점을 일부러 찾던 시절이 있었다. 당시 서점에 가는 일은 3시간 간격으로 수유 중인 나에게 잠깐의 휴식이자 아이와 함께 즐길 수 있는 놀이였다. 어린이책 코너를 기웃거리며 이 책 저 책 만져보고 들춰보았다. 그림책 앞에서 머리보다 가슴이, 가슴보다 몸이 먼저 반응했다. 생명을 낳고 키우는 삶의 굴레 안에서 조용히 방황하던 나에게 그림책은 그 어떤 장르보다 따뜻하게 다가왔고, 다정하게 머물러 주었다. 이제 그림책은 곁에 두면서 슬쩍 기대고 싶은 나의 '휴식처'이다.

처음에는 아이에게 책을 읽어주는데 엄마인 나까지 덩달아 좋은 이유를 명확히 알지 못했다. 아이에게 거듭 읽어주는 동안 내 안에 있던 어린이도 함께 듣고 있다는 걸 깨닫기까지 꽤 오랜 시간이 걸렸다. 그림책은 서두르는 법 없이 돌봄, 가사 노동 한가운데서 굳어있던 마음을 어루만지며 넌지시 말을 걸었다. 잠깐, 잘 생각해 봐. 네가 처음에 바라던 게 무엇인지, 아이의 투정과 울음 속에 과연 어떤 마음이 있는지, 지금의 네 안에 갇혀 지내느라 본질을 놓치고 사는 네가 된 건 아닌지.

이른 아침부터 비가 내린 날, 아침 햇볕이 들지 않은 집안은 평소보다 어둡다. 습기 가득한 공기에 어제 널어놓은 빨래는 여전히 눅눅하다. 장마가 시작되었나 싶어 현관을 나서기 전부터 젖을 신발, 짐이 될 우산 생각에 마음이 심란해졌다. 아이는 일어나자마자 한참 동안 멍하니 밖을 바라본다. 베란다 유리창에 부딪히는 빗방울 소리에 귀 기울이고 있다가 말한다.

"비 오나 봐, 엄마."

"응, 오늘 비 많이 오는 날이래."

"와, 신난다! 내가 좋아하는 노란 장화 신을 수 있다!"

아이는 장화 생각에 비 오는 날의 시작이 마냥 즐겁다. 신나서 폴짝폴짝 뛰어다니는 아이의 모습을 보며 비 오는 날에 불편함을 느낀 나를 발견했다. 날씨의 변화를 마음으로 느끼기보다 머리로 생각하고 있던 거다.

장마 첫날, 우리집 책장에서 고른 그림책은 유리 슐레비츠의 《비 오는 날》이다. 작가는 비 오는 날을 축제로 여기는 여자아이를 주인공으로 빗물의 여정을 이야기한다.

"밖에 비가 오고 있나 봐. 빗소리가 들리잖아."

《비 오는 날》의 첫 문장이다. 스마트폰 속 일기예보가 아닌 창밖의 소리로 오늘 날씨를 느끼게 만드는 글귀다. 강수량이나 실시간 날씨 정보가 아닌 순간의 감각으로 세상을 읽는 힘, 언어 이전에 육감의 세상으로 차츰차츰 몸과 마음이 열린다. 페이지를 넘기는 어른과 아이 모두 한줄기 빗방울이 되어 주인공 여자아이와 함께 세상을 여행한다.

장마철이면 책방이 있는 골목길은 평소보다 더 차분해졌다. 나무와 풀이 배불리 물을 마시는 동안 손님의 발길이 드물어진 공간에 책방지기도 오랜만에 쉼표를 찍었다. 아침에 읽었던 유리 슐레비츠의 책이 떠올라 잠시 빗소리에 귀를 기울였다. 책과 스마트폰 세상에 종일 파묻혀 지내다 비 내리는 풍경에 감각을 맡기고 잠시 《비 오는 날》 속 소녀가 되어본다. 평소보다 느리고 조용히 흘러가는 오후 시간 처마에서 떨어지는 빗방울들이 내게 말을 걸었다.

'조급해하지마. 그렇다고 멈추는 건 아니니까.'

책방을 하기로 결심한 후 그림책은 여러모로 많은 힘이 되어 주었다. 폴 빌리어드의 《이해의 선물》을 읽고 위그든 씨의 사탕 가게 같은 책방을 상상하며 책방 이름을 '버찌'로 정했고, 데이비드 스몰의 《꿈을 나르는 책 아주머니》를 읽을 때는 오지를 다니며 아이들에게 책을 배달하는 책 아주머니처럼 책으로 마음을 나누고 싶다고 다짐했다. 걱정과 불안, 좀처럼 바닥에서 올라올 생각이 없는 빈약한 자신감으로 책방에 대한 마음이 흔들릴 때마다 다정하고 단단한 그림책 세상과 주인공을 떠올리곤 했다.

"버찌 님, 이 책 봤어요?"

와작와작 님이 한결같이 책방에 그림책 한 아름을 들고 찾아온 지 6년째. 나의 가장 가까운 그림책 친구다. 안부 인사는 오늘의 그림책으로 대신한다. 책방이라는 공간에서 좋은 무언가를 나누고 싶은 마음이 오갈 때 일반적인 상업 공간의 로고스적 논리가 무너지고 순정한 마음이 서로 끌어당기는 에로스적 논리가 이뤄진다.

그는 한 권을 나누는 것도 모자라 성인 남자 팔길이만 한 지름의 커다랗고 낡은 광주리 안에 관심 주제에 따라 그림책을 가득 채워 들고 오기 시작했다. 나는 그 바구니에 '와작와작의 그림책 바구니'라는 이름을 붙였다. 별빛집 버찌책방으로 이전하고 나서 와작와작 님과 함께 어른 그림책 모임, 어린이 그림책 모임을 매달 진행하고 있다. 책방에 자주 오는 어린이 손님들은 그림책 바구니 속 이야기와 함께 무럭무럭 자란다. 그림책을 들고 들어오는 와작와작 선생님을 보면 아이들이 먼저 반응한다.

"와작와작 선생님이다!"

그림책 바구니의 책들은 종종 책 친구의 집으로 놀러 갔다가 되돌아온다. 좋아하는 걸 기꺼이 친구들과 나누려는 와작와작 님의 넉넉한 마음 덕이다. 그림책 모임을 마치고 나서도 그림책을 펼치느라 한참 동안 자리를 뜨지 못하는 친구에게 와작와작 님은 다정하게 말을 건다. "충분히 보고 책방에 맡겨 줘요." 그림책으로 취향과 일상의 다정을 깨알같이 나누는 사람들에게 책방이 물품 보관소, 마음의 이동 경로가 되는 일이 무척 뿌듯하다.

"빌려주신 그림책 잘 읽었는데… 혹시 선생님께 보답으로 추천해 주실만 한 선물이 있을까요?"

빌려 갔던 그림책을 담은 쇼핑백에 책방에서 파는 볼펜, 커피 드립백이 더해지기도 한다. 마음은 나누면 나눌수록 데

굴데굴 굴러가며 커지는 눈덩이 같다. 보이지 않는 마음의 비즈니스가 꾸준히 오고 가기 때문에 책방의 그림책 서가도 꾸준히 변화해 간다.

책방지기에게 먼저 다가와 주고 좋음을 기꺼이 나누고자 하는 그들의 마음은 '책 팔기 힘든' 책방의 현실을 견디게 해주는 힘이었다. 그들과 나눈 그림책이라는 장르도 언제나 내 곁에 가만히 다가와 위안을 해주었다. 각자 삶의 렌즈로 해석을 거친 이야기는 밀푀유의 페이스트리 사이사이 크림처럼 그림책 페이지마다 달콤하게 덧발라졌다. 얇은 그림책이 품은 이야기의 두께는 책과 사람 사이 감응이 일어나는 만큼 무한하게 늘어난다.

크리스마스 선물

"버찌님, 이제 구울 수 있는 디저트가 더 많아졌어요!"

"맞다, 오늘 수업하는 날이었지! 어서 와요!"

베이킹 수업을 마친 주디가 집이 아닌 책방을 먼저 찾았다. 입시 학원 대신 배우고 싶어 큰맘 먹고 등록했다던 베이킹 5주 차 수업에서 돌아오는 길이었을 것이다. 베이킹은 좋아하지만, 단것을 별로 좋아하지 않는다며 상자를 건넸다. 찬 바람에 빨개진 손에 들려 있던 상자 속에는 수업 시간에 구운 디저트가 담겨있었다. 열자마자 오레오 쿠키를 얹은 초코 머핀에서 달콤한 향이 짙게 났다. 바로 태블릿 피시를 꺼내 무언가 보여줬다. 책방이 맞는 첫 번째 크리스마스에 판매할 디저트 메뉴를 정리한 파일을 열었다.

"버터 쿠키 말고, 머핀이랑 스모어 쿠키도 괜찮을 거 같아요. 가격은 3,500원 정도? 어떨까요?" 소녀와 책방지기 사이 차곡차곡 쌓아온 관계가 믿음직스러웠던 걸까? 가깝다고 생각하는 사람에게 '이 책 읽어보라'라고 추천하는 한마디가 영업하는 말 같아 말 건네기조차 어려운 소심한 사장은 자신의 가능성을 믿고 정리한 아이디어를 보여주는 열일곱 살 친구의 당돌함에 감탄했다. 10대 청소년 손님과의 크리스마스 시즌, '쿠키 숍인숍' 협업 일정은 초코 머핀 시식회를 끝으로 순조롭게 성사되었다.

주디가 책방을 찾은 건 초등학교 6학년 때이다. 작은 책방을 좋아하는 엄마를 따라 한두 권씩 고르던 사랑스러운 소녀, 어린이·청소년 코너를 벗어나 문학과 인문 교양서로 채워진 서가를 제법 진지하게 들여다보는 주디를 볼 때마다 부러웠다. 학업 스트레스와 미래에 대한 불안의 도피처로 책방을 찾을 줄 아는 청소년의 용기가 놀라웠다. 저 때 나는 학원 뒷길에 있던 오락실에서 펌프를 하고 편의점에서 삼각김밥과 컵라면을 먹을 줄 아는 게 전부였는데…. 이 친구는 책을 좋아하는 사람들과 허물없이 대화를 나누고 원하는 책을 고른다. 엄마와 함께 올 때는 어리광 부리는 이웃집 귀여운 딸내미 같으면서도 혼자 올 때는 풋풋하고 자신감 넘치는 10대 소녀다.

팬데믹 이후 중학교에 갓 입학한 주디는 학창 시절 없는 중학 시절을 보냈다. 비대면 상황 속에 우리는 책으로 안부를 주고받으며 느슨한 관계의 끈을 놓지 않았다. 주디는 책방과 함께 아스트리드 린드그렌의 작품을 읽었고, 이동식 책방에 찾아와 프랑수아즈 사강의 책, 정세랑의 소설을 골랐다. 책방을 새로 열고 나서 책방을 비워야 하는 상황이 닥쳤을 때 자연스레 주디를 떠올렸다. 기꺼이 책방지기 역할을 즐길 수 있을 거란 믿음이 있었다.

쿠키는 주디가 일일 책방지기인 날의 모객과 판매를 위한 아이디어였다. 어떻게 하면 책을 팔 수 있을까 고민했을 친구가 기특하기만 했다. 책을 사는 손님에게 주는 주디의 선물, 배보다 배꼽이 큰 홈메이드 쿠키는 반응이 좋았다. 단골손님의 권유로 증정용 쿠키는 판매로 자연스럽게 이어졌고 주디의 쿠키 숍인숍은 관심과 응원에 힘입어 거의 완판을 기록했다.

카페 디저트 베이킹 과정을 수료하고 업그레이드된 메뉴로 머리를 맞대고 계획을 세웠다. 첫 주는 크리스마스 머핀, 둘째 주는 루돌프 마카롱, 셋째 주는 스모어 쿠키로 매주 달라지는 메뉴로 손님들의 지속적인 관심을 유도하고자 궁리했다. 크리스마스 시즌 3주 동안 토, 일 이틀간 판매하기에 재료 준비부터 쉽지 않은 일이었으나 도전해 보기로 했다. 가정용 오븐으로 과연 감당할 수 있을지 염려스러웠으나 씩씩하게 3주 내내 어김없이 '주디 베이커리'의 자리를 지켰다. 북극한파로 도로가 꽁꽁 얼어붙었던 날에도, 전날 밤 내린 눈이 온 동네를 하얗게 뒤덮은 날에도 주디는 판매용 디저트를 들고 약속한 시각에 맞추어 책방 문을 열었다. 오전 11시, 준비한 디저트를 들고 책방 앞에서 기다리는 주디와 고운 손으로 만든 아기자기한 쿠키를 보면 마음이 보들보들해졌다.

"버찌 님, 오다가 방지턱이 있었는데 머핀이 흔들렸지 뭐예요. 머핀 몇 개가 휘핑크림이 눌렸어요…."

"버찌 님, 오늘은 눈이 와서 눈오리 집게 챙겨왔어요. 입구에 눈오리 만들면 어떨까요?"

"태양아, 누나 가게 준비하는 거 와서 도와줄래? 누나가 태양이 꺼도 특별하게 구워왔는데!"

버찌책방을 누구보다 잘 이해하는 이웃이자 파트너, 주디의 아침 인사는 늘 새로웠다. 주디가 베이킹 수업을 듣고 처음으로 구운 오레오 머핀은 기가 막히게 달콤했다. 고명재 시인은 머핀을 '밀가루로 빚어본 버섯'이라며 '머리가 가장 맛있게 느껴진다'(《너무 보고플 땐 눈이 온다》 중에서)고 했는데, 주디의 머핀은 종이에 달라붙은 아랫부분까지 초코칩이 가득해서 달콤함에 충실했다. 온전히 먹는 사람만을 생각한, 계산 없는 소녀의 마음이 느껴졌다. 집에 산양유가 있길래 반죽에 산양유를 넣었다며 웃는 소녀의 미소는 책방지기 마음의 구김살을 펴줬다. '책값이 너무 비싸다'라며 책은 사지 않은 채 스마트폰 셔터 소리만 가득 남기고 떠났던 손님을 마음 밖으로 쉬이 떠나보냈다.

정성과 맛으로 승부했던 주디 베이커리는 6회 동안 무사히 완판을 기록했다. 게다가 손님들로부터 소소한 납품 주문까지 받았으니, 이보다 좋을 수가! 베이커리 마지막 날은 크리스마스이브였다. 주디는 미리 만들어 둔 'sold out'(품절) 안내판을 테이블에 얹어 두고 남은 영업시간 동안 책방 여기저기를 살폈다.

영업시간이 끝나갈 무렵 주디는 고른 것들을 카운터 위에 조심스럽게 올려놓았다. 책방에서 파는 문구 중 가장 가격이 나가는 가죽 수첩, 황동 연필 그리고 동생을 위한 동화책까지. 혹시나 물건 가격이 청소년의 지갑 사정에 상처가 될까 싶어 조심스럽게 말을 꺼냈다.

"혹시 가격이 궁금해서 그래요? 다이어리는 5만 원이고, 연필은 2만 4천 원이에요. 아무래도 수입품이다 보니…."

"아, 괜찮아요. 제가 번 돈으로 가족들에게 크리스마스 선물을 해주고 싶어서요."

"…"

"아빠가 수첩을 정말 좋아하시거든요. 전부터 눈여겨보고 있었는데 꼭 사 드리고 싶었어요. 엄마는 요즘 책 읽으며 메모하고 계시니까 예쁜 연필로 쓰면 좋아할 거 같아요. 이거 계산해 주세요."

"…"

크리스마스 선물에 대한 주디의 이야기에 어떤 대답도 할 수 없었다. 주디와 켜켜이 쌓은 시간을 떠올리며 이건 아빠 것, 이건 엄마 것, 이건 동생 것. 온 마음을 다해 찬찬히 포장했다. 작은 책방에서 결제금액이 10만 원 가까이 되는 경우는 정말 드물다. 그런데 열일곱 살 단골손님은 직접 만든 디저트로 책방에서 돈을 벌어서 자기 자신이 아닌 가족을 위해 선물을 샀다.

카드 결제 이야기를 꺼내지 못하고 있는 책방지기 모습을 파악한 걸까? "이체했어요."라는 주디의 목소리는 다정했다. '이체'라는 말이 '이해'로 들리는 듯했다. 이해했어요. 작은 책방의 시간이 어떻게 흘러가는지, 책방지기의 하루가 얼마나 소모적인지, 좋아하는 마음이 '일'이 되게 하고 '돈'이 되게 하는 과정이 얼마나 어려운지. 한 달 동안의 자영업 체험을 마친 주디는 어느새 훌쩍 자라 있었다. 주디가 짐을 싸며 말했다.

"요즘 제 친구들은 기말시험 점수를 걱정하고 있거든요. 저는 책방에서 쿠키를 팔면서 앞으로 어떻게 살아야 할지 고민하게 된 것 같아요. 좋아하는 베이킹을 배우면서 막연히 디저트 카페 사장을 꿈꿨는데 한 달 동안 여기 있어 보니 아무리 좋아도 꾸준히 하는 건 쉽지 않은 일이었어요!"

해마다 피어나는
개업 선물

　버찌책방의 시즌 2 첫걸음을 내딛는데 어마어마한 개업 선물을 받았다. 영국에 사시는 번역가 선생님을 첫 북토크 연사로 모시게 된 것이다. 런던과 대전을 연결한 인연의 끈은 2019년에 《배움의 발견》을 읽고 난 뒤였다. 가정 내 신체, 언어폭력을 극복하고 스스로 교육의 기회를 쟁취하는 이야기에 흠뻑 취해 520쪽을 단숨에 읽어 내려가면서 페이지마다 드는 생각은 하나였다. 소화해 내기 쉽지 않은 이야기를 옮긴 번역가는 어떤 사람일까? 이야기 나눠보고 싶었다. 어떻게 해서든 '만만치 않은 분량과 무게감 있는 서사의 실화를 유려한 번역 덕분에 잘 읽었다'라는 존경과 감사의 마음을 꼭 전하고 싶었다. 독서 모임 전날, SNS를 파헤쳐가며 번역가를 찾았다. 번역가와 대화하고 싶다는 마음 하나로 용기 내어 메시지를 보냈다. 지구 반대편에서 보낸 갑작스러운 질문에 선생님께서는 정성껏 답변을 해주셨다.

그때부터 영국 케임브리지에 사는 번역가와 대한민국 대전에 사는 책방지기는 SNS를 통해 서로의 소식에 응원을 주고받기 시작했다. 영국에서 보낸 하트를 확인하면 왠지 모를 힘이 솟았다. '선생님께서 우리 책방을 잊지 않으셨구나.'

책방에 입고한 책들 사이에서 '옮긴이 김희정'이라고 쓰인 책을 발견하면 반가운 마음에 얼른 빼놨다. 그녀가 옮긴 책이라면 팔리기 전에 먼저 들춰보고 싶은 사심이 생겼기 때문이다. 그 마음은 8시간 시차만큼 물리적 거리를 뛰어넘은 책으로 맺은 인연의 힘에서 비롯되었으리라.

책방을 지키는 틈틈이 김희정 번역가가 옮긴 문장을 톺아보고 톺아보았던 기억이 남아있다. 그녀가 옮긴 도착 언어에서 그녀의 삶을 상상한다. 가족을 돌보는 틈틈이 작품의 언어를 매만지고 다듬어 차곡차곡 쌓은 시간을 짐작해 본다.

한창 공사가 진행 중이던 어느 초겨울 날, 선생님께서 버찌책방의 오픈 날짜를 여쭤보셨다. 번역했던 경제서 한 권이 3월 말 출간될 예정이고 한국에 잠시 오실 거라는 소식도 함께 전해주셨다. 봄에 나오는 책과 함께 버찌책방에 꼭 들르고 싶다는 김희정 선생님의 메시지에 불확실한 겨울 속에서 움츠려 있던 마음의 눈이 번쩍 뜨였다. 오랫동안 만나 뵙고 싶었던 어른을 책방에 모실 수 있다니, 무조건! 무조건! 올봄에는 열어야만 한다! "3월 말에서 4월 초에 오픈 계획하고 있으니 꼭 오세요."라고 답장을 드렸다. 공사 일정을 시작하는 것만큼 마무리하는 것도 만만치 않게 힘들었지만, 번역가 김희정 선생님을 뵙게 되리라는 기대에 찬 희망을 동력으로 삼아 하루하루를 기쁘게 받아들였다. 공사 현장에서 추위도 잊은 채 겨울을 지냈다.

김희정 선생님의 번역서는 장하준 경제학자의 《장하준의 경제학 레시피》였다. 대전 변두리에서 책방을 다시 열기 위해 날아오는 견적서와 계획 스케줄, 멈추지 않고 줄기만 하는 은행 잔고 사이에서 전전긍긍하고 있던 작은 책방에 말도 안 되는 상황이 펼쳐지고 있었다.

김희정 선생님과의 북토크 이름은 '겸업 주부의 일상생활'이라고 지었다. 책방의 둘째 날 아침, 모임을 위해 이른 아침 기차와 지하철을 타고 먼 길을 와주셨다. 새 공간이 어디에 어떤 모습으로 있는지 알지 못한 채 책방에 대한 기대와 응원하는 마음만으로 사람들이 모였다.

실제로 뵙게 된 것은 처음이었지만 그동안 책과 SNS를 통해 안부를 주고받으며 내적 친밀감이 쌓여왔던 만큼 오랜 친구를 만난 것 같았다. 선생님과 함께 있는 내내 책방에 안온함이 흘렀다. 몇 달 동안 수업을 들어가며 드립 커피를 배웠던 시간이 드디어 빛을 발했다. 영국에서 대전 책방을 찾아주신 김희정 선생님께 커피를 내려 드릴 수 있다니! 선생님은 커피가 맛있다고 여러 번 말씀 하셨다. 자격증을 땄던 날보다 10배 이상 뿌듯했다.

"당장 보수가 있든 없든 지금 내가 하고 있는 일상을 소중하고 값지게 여겨야 해요. 가족과 긴밀하게 소통하며 엄마의 자리를 지키고 존중받아야 해요."

"한 가지 일을 꾸준히 하는 동안 사람은 변해요. 좋아하는 걸 잘하게 되고 그러면 계속하게 되고요. 번역하면서 '아, 번역이 정말 내 일이구나' 깨달았어요. 오늘도 가방 속에 번역해야 할 원고를 챙겨왔답니다."

번역가이자 주부로 지낸 돌봄 노동 30년 차 내공을 다정하면서도 카리스마 있게 들려주셨다. 개인적인 북토크가 처음이었다는 사실을 믿기 어려울 정도로 미리 작성한 대본 하나 없이 겸업 주부의 이야기가 자연스럽게 흘러넘쳤다.

같은 날 저녁, 경제학자 장하준 교수님이 카이스트 강의를 마치고 책방으로 오셨다. 오픈한 지 이틀밖에 되지 않은 작은 책방은 세계적인 경제학자의 이야기를 육성으로 듣기 위해 찾아온 손님들로 꽉 찼다. 《장하준의 경제학 레시피》는 경제학 다음으로 좋아하신다던 요리를 경제학 기초 원리와 연결지어 쉽게 풀어 쓴 교양서이다. 수도권도 아니고 대전 현충원 산 밑에 숨은 책방에서 세계적인 경제학자와의 만남이라니! 꿈만 같은 광경이었다. 카운터 뒤에서 두 눈을 크게 뜨고 책방 뒷자리에서부터 두 어른이 계신 맨 앞자리까지 확인하고 또 확인했다.

  5월 중순이면 책방 마당에 주먹 두 개만 한 크기의 작약이 하늘로 얼굴을 내민다. 김희정 선생님께서 자신의 북토크 거마비로 책방 마당에 꽃나무를 심어달라 부탁하셔서 심게 된 작약이다. 손가락 두 개만 한 숙근을 심은 지 2년이 되자 성인 팔뚝만큼 퍼지고 자라났다. 매년 늦은 눈과 꽃샘추위로 4월 초까지 얼었다 녹기를 반복했던 단단한 땅을 뚫고 연하디 연한 새순이 올라오기 시작한다. 완두콩같이 반질반질 동글동글했던 꽃봉오리가 어느새 통통해지더니 '퐁'하고 피어나 고운 분홍빛 얼굴을 보여준다. 책방 안에서도 화사한 자태를 뽐내는 작약의 존재감이 창을 넘어 책방 안까지 전해진다. 작약을 바라보며 비가 부슬부슬 내리던 2023년 4월 6일을 추억한다. 비에 젖어 온갖 풀과 나무 내음이 가득했던 공간에서 김희정 선생님과 마신 커피 맛을 떠올린다. 장하준 교수님의 차분한 저음으로 '경제'와 '복지' 이야기를 나누던 봄밤의 온기를 떠올린다. 책 심은 데 책 나고, 마음 심은 데 마음이 피어난다.

책방지기의 틈새 독서

　가끔 책 무게를 이기지 못해 집이 무너지는 상상을 한다. 식구 넷(반려견 별이까지) 지내는 살림집 곳곳을 점령해 가는 책과 땅따먹기 놀이를 하는 것 같다. 절제가 불가능한 책방지기의 책 욕심에 작은 집은 언제까지 지탱할 수 있을까? 《장서의 괴로움》의 저자 오카자키 다케시는 약 3만 권을 소유하는 동안 느낀 괴로움에 대해 이야기한다. "필요 이상으로 끊임없이 쌓아두는 사람은 개인차가 있긴 하겠으나 멀쩡한 인생을 내팽개친 사람이 아닌가."라는 문장에서 잠시 뜨끔하긴 하나 완전히 동의할 수는 없다. 이 책 또한 국내에서 살 수 없는 절판 도서다. 저자의 말대로 '신선도가 떨어지는' 책이라는 이유로 일찌감치 처분했더라면 이 글을 쓰기 위해 다시 꺼내볼 수도 없었을 것이다. 읽던 책과 읽다 만 책도 언제든지 다시 새롭게 다가온다. 아직은 책을 향한 욕망을 통제하고 싶은 마음이 없다.

"책방지기님은 늘 바빠 보이던데 도대체 언제 책을 읽으세요?" 카운터 양옆으로 잔뜩 쌓여있는 책더미를 보며 손님들이 묻는다. 카운터 뒤 보이지 않는 수납공간은 더하다. 읽었던 책, 읽다 만 책, 읽고 싶지만 아직 못 읽은 책, 증정 도서들이 벽돌담처럼 쌓인 채 주인을 기다린다. 읽고 싶다는 간절한 마음과 읽을 책이 너무 많아 버거운 마음 사이에서 하루에도 몇 번씩 시소를 탄다. "책방을 벗어나야 읽을 수 있어요." 웃으며 답한다.

영업시간 동안 책에 집중하기란 쉽지 않다. 책방에 있으면 책보다 '일'이 눈에 먼저 보이기 때문이다. 택배 상자 정리, 화장실 청소, 책방 주변 정리, 설거지, 서가 정리, SNS 글쓰기 등. 그렇지만 책을 소개해서 팔고 책 모임을 운영하려면 읽어야 한다. 나누는 만큼 꾸준히 채워주어야 또다시 나눠줄 수 있다. 책방지기에게 읽기를 멈추는 일은 잠정 휴업 상태와도 같다. 읽어야 팔린다.

나의 감각, 나의 에너지를 '읽는 시간'에 충분히 투입하면 자연스럽게 책방지기 '일'의 마중물이 된다. 내 안에서 돌고 돌던 이야기 씨앗들이 자리를 찾고 발아할 시간을 의도적으로 만들어 준다. 토끼풀밭을 한참 들여다보면 네잎클로버가 눈에 들어오는 것처럼 페이지와 페이지 사이에서 골몰하는 동안 아이디어를 발견한다.

《소설처럼》에서 다니엘 페나크는 책 읽는 시간은 언제나 훔친 시간이라고 말한다. '책 읽을 시간이 없는' 듯 보이는 빠듯한 일상을 면밀히 들여다보면 틈새 시간은 있기 마련이다. 핵심은 결심이다. 그리고 읽을 결심을 이행할 시간 만들기. 아침에 눈을 뜨고 아이 등교 준비를 시작하기 전까지, 아이를 학교에 보내고 책방으로 출근하기 전까지, 아이가 학원 간 사이, 틈새 시간을 찾아내는 일이 중요하다. 틈새 시간에 곧장 이행할 수 있도록 일단 책을 곁에 두었다. 읽는 루틴을 만들기 위해 무엇보다 책이 눈에 보여야 한다(아이의 독서 습관 만드는 데도 기본이다). 책은 반듯하게 책장에 꽂아두면 꺼내서 읽기 쉽지 않다. 식탁 위, 침대 머리맡, 자동차 운전석 선반 그리고 가방 등등 여기저기에 둔다.

자, 여기서 보부상 책방지기의 가방을 들여다 볼까? '왓츠인마이백'을 찍는 상황을 상상해 본다. 도톰한 원단으로 만든 넉넉한 사이즈의 에코백이 제법 묵직해 보인다. 가방을 열어 내용물을 하나씩 꺼내 가지런히 놓기 시작한다. 책, 책, 또 책 그리고 다이어리와 노트, 2B연필과 개나리색 형광펜 그리고… 책. 나에게 가방의 정의는 언제나 '책을 넣을 수 있는' 휴대 수납품이다. 책보다 작은 사이즈의 가방은 절대 사용할 수 없다.

아침에 아이 책가방에 물통을 넣으면서 나의 책가방도 싼다. 전날 읽다 만 채 테이블에 그대로 펼쳐둔 책들을 살피며 오늘의 나에게 오늘의 책을 고르는 여유를 잠시 선물한다. 선택 받은 책 두세 권을 책등이 보이게 가방에 담는다. 다 읽을 수 있든 없든 상관없다. 제목만 보아도 나에게 필요한 것이 무엇인지 어렴풋하게나마 짐작할 수 있다. 책 제목 읽기도 읽기의 일부다. 가방 속 책들은 나에게 오늘 하루에 대한 의지이자 불안을 잠재우는 항불안제다.

가장 몰입이 잘 되는 틈새 시간은 아이 등교 마친 뒤 책방으로 출근하기 전까지 딱 1시간이다. 약 7시 반부터 9시 반 정도 되는 사이 시간을 쪼개어 온전히 나를 위해 쓴다. 단순히 책을 읽는다라기보다 이야기를 읽는 시간, 새로운 세계와 접속하는 시간이다.

읽는 동안 항상 함께하는 필기구가 있다. 부드럽게 써지는 2B연필, 0.5 미만 굵기의 파랑 또는 초록 계열의 펜(책방 굿즈로 제작한 로고펜을 애용한다), 형광이 아닌 개나리색 형광펜 그리고 인덱스, 새로 장만한 분홍색 만년필까지. 카페 테이블에 그날의 책과 노트, 좋아하는 필기구를 아침 식탁 차리듯 펼쳐놓고 모닝커피 첫 모금을 마시는 순간 안도감이 든다. 제자리를 찾았다는, 무사히 하루를 시작할 수 있다는 안도감.

책을 어루만지며 펼친다. 질감, 무게 등 종이책마다 다른 물성을 느껴본다. 눈으로 읽다가 조금 더 오래 머물고 싶은 단어나 문장은 연필로 천천히 밑줄을 긋거나 동그라미로 표시하며 적극적으로 수집한다. 밑줄과 동그라미로 붙잡은 단어들은 물음표와 느낌표의 씨앗이 된다. 그 발견을 좀 더 선명하고 정교하게 삶으로 끌어당기고 싶다면 가지고 온 노트를 펼친다. 그리고 날짜를 적고 문장을 베껴 쓴다. 한두 페이지라도 계속 읽어가면서 책방을 계속할 수 있겠다는 오늘만큼의 자신감과 용기를 얻었다. 이 정도면 충분하다.

구독 중인 신문에 연재되는 책 관련 칼럼과 기사를 챙겨 읽는다. 종이 신문으로 읽는 칼럼은 인터넷 기사로 읽었을 때와 느낌이 전혀 다르다. 시인, 영화감독, 문학평론가, 소설가, 아동문학가, 그림책 작가 등 다양한 방면으로 창작하는 삶을 사는 사람들의 시선을 읽으며 나의 독서 좌표가 오늘날 어디쯤 위치했는지 파악한다. 나누고 싶은 칼럼은 형광펜으로 표시해서 책방 공유 테이블에 진열해 둔다. 단골손님들과 매주 책 칼럼에 나온 책과 주제에 대해 대화하는 즐거움이 읽는 루틴의 일부로 자리잡았다.

노벨문학상을 수상한 일본 소설가 오에 겐자부로는 성실한 애서가로도 유명했다. 《읽는 인간》에서 오에 겐자부로는 인생의 습관이 된 독서법을 소개한다. 이른바 배우기, 외우기, 나아가 깨닫기가 원칙이다. 타인으로부터 배운 것을 체득, 습득하는 시간을 거쳐 스스로 깨우치는 단계에 이르기까지 읽기와 실제 삶이 맞닿을 수 있도록 꾸준히 정진하는 것이다. 단순히 책에서 정보를 얻는 것을 넘어 정신을 깨우는 활동으로서의 독서 단계에 닿기 위해 그리고 인간 실존이라는 주제로 50년 이상 소설을 쓰기 위해 그는 평생 지독하게 읽었다. 특히 그만큼 읽고 쓰게 된 데에는 두뇌 기형으로 태어난 첫 아이 히카리의 존재가 큰 계기가 되었다. 장애가 있는 히카리를 끌어안고 삶을 깊게 생각했다고 말한다.

견디기 힘든 날들이 있었다. 놓을 수 없어서, 계속해야 해서 가진 에너지를 모두 끌어모아 하루를 겨우 시작했던 시기였다. 가게 문을 열고 들어오는, 모르는 사람들이 두려웠다. 정성껏 꾸며놓은 공간을 동의나 양해조차 구하지 않고 이미지로만 가져가고, 소중한 책 재고에 흠집을 내고, 초면인 사이에 무례하다 싶을 정도로 질문을 던지는 상황이 무척 고통스러운 시절이었다.

동시에 배우자의 불안 증세가 나아질 기미를 보이지 않던 날들과도 겹쳤다. 날이 서있는 아빠를 무서워한 아이는 엄마를 찾았고, 돌봄의 손길을 요청할 곳이 없던 나는 밤마다 소진되기 일쑤였다. 쓰러지듯 잠들고 다시 눈을 뜨면 다음 하루가 전투태세로 나를 기다리는 것만 같았다. 그 시기 오로지 책만이 나를 숨 쉴 수 있게 해주었다.

그날 펼친 책 속 문장들로 하루치의 고립감과 불안을 견딜 수 있었다. 완독과 정독의 부담에서 벗어난 읽는 시간은 나에게 기댈 곳이자 숨을 곳이었다. 행간에서 힘을 쫙 빼고 숨을 뱉어낸다. 뱉은 자리에 '이야기'라는 다시 새로운 숨을 불어넣는다. 저자의 이야기에서 끌어낸 것은 다름 아닌 나의 이야기였다.

과연 책방을 유지하기 위한 수단, 팔아야 하는 상품으로만 책을 대했다면 6년이라는 시간을 견딜 수 있었을까? 그동안 나에게 틈새 독서 시간은 성장, 투자이기보다 자기 돌봄에 가까웠다. 때문에 지치지 않고 즐겁게 읽을 수 있었다. 매일매일 의무적인 책 소개에 그치지 않고 '나만의 일', '덕질'이라고 생각하면 책을 대하는 마음이 한결 가벼워졌다. 일상에서 틈새를 찾아 좋아하는 것을 잘게 쪼개 꾸준히 만나다 보면 생활 자체에 힘이 생겼다.

Dum vivimus Speramus(살아있는 동안 우리는 희망한다).

《라틴어 문장》이라는 책에 소개된 문장이다. 이 문장을 살짝 바꾸어 강의할 때 마무리 멘트로 활용하곤 한다. '살아' 있음을 '읽고' 있음으로. '읽는 동안 우리는 희망한다'라는 메시지로. 그 희망은 단순한 낙천과는 조금 다르다. 현재를 자각하고 가능성의 범위를 파악해서 구체적인 희망을 그린다. 그리고 내일의 희망을 오늘의 작은 행동으로 옮겨보는 것.

마음속 추운 계절을 살아내는 일, 휴한기를 '윈터링(wintering)'이라고 한다. 혹독한 시간의 '끝'은 분명히 있다. 중요한 것은 윈터링을 겪는 동안 '희망'을 놓지 않는 것이리라. 막막한 고통과 슬픔, 그 터널을 통과하는 내 곁에는 책이 있었다.

"내가 보기에 예은은 늘 뭐든 '하는 사람'이에요. 일단 행동으로 옮기는 사람." 과거 한 지인이 나를 '하는 사람'이라고 불러준 적이 있었다. 무척 고마웠다. '하는 사람'이라는 말은 책을 펼치고 밑줄을 그을 수 있도록 다시 나를 일으켜 세워준다. 앎과 삶이 맞닿을 수 있도록 나는 읽는 힘으로 세상을 향해 나아간다. 내가 책을 닮고 책이 나를 닮아간다(고 믿는다).

버찌책방은 다 계획이 있지

초판 1쇄 발행 2025년 6월 30일

지은이 조예은

책임편집 류정화

펴낸이 윤주용
편집 도은주, 박미선 | 마케팅 조명구 | 홍보 박미나

펴낸곳 초록비책공방
출판등록 2013년 4월 25일 제2013-000130
주소 서울시 마포구 동교로27길 53 308호
전화 0505-566-5522 | 팩스 02-6008-1777

메일 greenrainbooks@naver.com
인스타 @greenrainbooks @greenrain_1318
블로그 http://blog.naver.com/greenrainbooks

ISBN 979-11-93296-89-9 (03810)

* 정가는 책 뒤표지에 있습니다.
* 파손된 책은 구입처에서 교환하실 수 있습니다.
* 저작권을 준수하여 이 책의 전부 또는 일부를 어떤 형태로든 허락 없이 복제, 스캔, 배포하지 않는 여러분께 감사드립니다.

어려운 것은 쉽게 쉬운 것은 깊게 깊은 것은 유쾌하게
초록비책공방은 여러분의 소중한 의견을 기다리고 있습니다.
원고 투고, 오탈자 제보, 제휴 제안은 greenrainbooks@naver.com으로 보내주세요.